KB108545

관상으로 찾는
나의 배우자

관상으로 찾는 나의 배우자

초판 1쇄 인쇄　　　2015년 1월 19일
초판 1쇄 발행　　　2015년 1월 26일

지은이　　도　　림
펴낸이　　손 형 국
펴낸곳　　(주)북랩
편집인　　선일영　　　　　　　　편집　　이소현, 김진주, 이탄석, 김아름
디자인　　이현수, 김루리, 윤미리내　　제작　　박기성, 황동현, 구성우
마케팅　　김회란, 이희정
출판등록　2004. 12. 1(제2012-000051호)
주소　　　서울시 금천구 가산디지털 1로 168, 우림라이온스밸리 B동 B113, 114호
홈페이지　www.book.co.kr
전화번호　(02)2026-5777　　　　　　팩스　　(02)2026-5747

ISBN　　979-11-5585-452-5 03320(종이책)　979-11-5585-453-2 05320(전자책)

이 도서의 국립중앙도서관 출판예정도서목록(CIP)은 서지정보유통지원시스템 홈페이지(http://seoji.nl.go.kr)와
국가자료공동목록시스템(http://www.nl.go.kr/kolisnet)에서 이용하실 수 있습니다.
(CIP세어번호 : CIP2015001022)

돌싱에게 제안하는 도림의
재혼 100% 성공 프로젝트!

관상으로 찾는 나의 배우자

도림 지음

북랩 **book** Lab

프롤로그

우린 사랑을 한다. 하지만 이별을 한다. 이별은 사랑의 시작으로 당연한 결과이지만 섣부른 사랑의 선택은 우리의 인생을 망가뜨리기도 한다. 그냥 살아가기에도 어떨 땐 벅찬 이 세상에 배우자를 놓고 돌아온 싱글의 삶, 이제 시작하는 사랑의 초보들, 돌싱이나 초보나 다 같은 초보다. 오히려 돌싱은 병든 초보이고 색안경까지 씌워진 초보이다. 거기다 자기 색깔도 모조리 짐가방에 챙겨 돌아왔다. 현실은 드라마와 다르다. 밀려오는 배신감과 폭력의 현장, 사랑이라 믿었던 한 인간의 돌변한 행동은 한 사람의 인생을 송두리째 망가뜨리곤 한다. 한 번 걸어찬 사랑, 언제든 난 다시 걸어찰 준비가 되어 있다고 내심 무장된 그들.

꿈이길 바랄 정도의 고통과 슬픔, 그리고 다시 외로움으로 시작하는 사랑 찾기, 난 그들이 적어도 행복한 사랑을 찾길 바랐다. 그리고 그들과 마주하고 그들과 슬퍼했다.

그들의 성격차이와 불화가 그들의 잘못인가? 아니다. 그저 나와 맞는 상대를 제대로 파악하지 못했을 뿐이다.

이 책이 인생의 작은 등불이 되어 주길 바라며 두 번의 만남과 헤어짐이 반복되지 않기를 바란다. 반복이 되더라도 상대로 인한 고통, 지옥이라고 말하는 날은 없어졌으면 한다. 힘을 비축하라, 때를 기다려라. 서두를 필요 없다.

차 례

1장

남편복 아내복

1 남편복은 어디서 오는가

이마와 눈매 🔍

이마의 나이별 시기

이마는 머리털이 난 곳부터 눈썹 전까지를 말한다. 이마는 초년을 나타내니 양 귀의 1세에서 14세를 지나 15세부터 30세까지의 운을 가리킨다.

이마는 무엇을 나타내는가

이마는 사람의 명함이기도 하며 부모로부터 받는 덕과 청소년기와 청년기를 보내는 동안 고생을 할 것인가 아니면 안락한 생활을 영위할 것인가를 보며 관운과 직장, 단체의 장이 될 만한 그릇인가를 보기도 하는 척도이다. 이마가 기울거나 중간이 움푹 들어갔거나, 한쪽으로 기울 경우는 30전에 죽을 고생을 할 것임을 예견하는 것이다. 스스로 미리 이를 알고

관상으로 찾는 나의 배우자

자신에 맞는 일을 찾아 대비를 하면 이 화를 그나마 줄일 수 있지만 그것을 알지 못하고 제멋대로 행동을 할 경우 절망 속에서 운명의 물살에 휩쓸려 다닐 수밖에 없다. 하지만 이마가 좋더라도 눈썹 아랫부분에 이상이 있다면 해당 나이와 각 부분이 관장하는 여러 분야에 이상이 생긴다는 것을 참고해야 한다.

이마의 관상적 접근

- 이마는 둥그렇게 대접을 엎은 형상으로 둥그렇고 넓되 얼굴과의 조화를 이루어야 한다. 또한 흉터가 없고 빛이 좋아야 길상인 것이다. 사람의 성격을 나타낸다.

- 이마가 너무 좁거나 움푹 들어간 형은 초년에 고생하고 여성은 시집을 여러 번 갈 수 있는 상이다. 그러므로 미리미리 이마를 잘 살펴야 한다.

- 이마 폭이 좁은 스타일의 이마는 안면의 폭도 좁은 경우가 많다. 다만 이런 스타일은 후두부가 발달해 삭발을 해도 보기 좋은 상들이 많으며 31세 이후에 자수성가의 스타일로 많이 나타난다.

- 이마가 낮으나 넓고 피부가 부드럽고 윤기가 나며, 눈썹이 맑고 눈이 좋으며 코가 바로 서면 총명하고 부귀하다.

- 이마가 좁고 인당이 함몰되어 있으면 평생 고생을 한다.
- 이마가 네모지고 광대가 강하면 관직으로 나가는 것이 바람직하고 이마가 둥글고 기골이 없으면 상업에 종사하는 것이 좋다.
- 이마가 돌출은 하되 옆에서 보았을 때 덜 돌출했으면 관직에서의 발전은 한계가 있으며 학술 방면으론 성과가 있다.
- 이마가 크고 입이 작은 것은 청년기와 중년의 운이 좋지 않아 사업에는 무리가 따른다.
- 이마가 넓고 턱도 넓으면 관직에 몸을 담지 않아도 만년에 관료 또는 의원의 지위를 노린다.
- 이마가 찌그러진 상이나 기울어진 상, 어린 나이에도 주름이 많음은 세상의 고초를 나타내고, 사업은 성패가 많고 언행의 실수와 행동의 부적절함으로 시비가 많다.
- 이마가 좁고 말라서 뼈가 드러나고 피부에 광택이 없으면 지혜와 재주가 모자라고 성격이 편협하고 이기적이다.
- 이마가 휜해도 누워 미끄러지는 듯한 이마는 사상이 불량하고 욕심이 많다.

이마가 좋은 사람은 무엇을 하면 좋은가

이마는 초년의 환경이다. 사회적 지위이며 위로부터 받는 복록이기도 하다. 이마가 좋으면 일단 여성은 가정적으로 행복할 가능성이 높고 사회적으로 공직의 직위나 가능성이 이마가 낮은 이보다 훨씬 높아 고위 자리와 승진의 기회를 얻을 수 있다. 일단 사람은 남녀노소를 불구하고 이마가 좋아야 한다. 이마가 좋은 이는 일찍이 가정환경이 좋은 초년시기에 진로 선택을 잘하여서 자신의 이름을 잘 가꾸어갈 직업적 행로를 잘 그리는 것이 좋다. 일반적으로 이마가 좋은 사람은 단체대표로 많이 진출하고, 역마가 있어서 해외, 각 지역으로 다니는 일도 잘 맞다. 자신의 이름을 내건 사업도 좋으나 사업은 다른 부위를 같이 살피고, 시기별 운기를 보면서 해야 하니 이마만 믿고 덤비는 것은 금물이다. 이마가 좋은 이들은 제복이나, 활동성을 지닌 일들에서 두각을 많이 나타내며 일반적으로 나라에 속한 일들을 하면서 초년부터 발전해 나가는 경우가 많다. 각 부위의 조화에 따라서 나라 일이 아닌 곳에서도 사회 활동 집단에서 발전하여 자신의 이름을 빛내니 일단 반은 먹고 들어가는 것이다. 20대가 넘어서도 이마가 적당하니 좋으면 진로의 선택을 신중히 해서 발전의 발판을 삼을 필요가 있는 것이다.

눈 이것은 몸 중에 구백 냥

눈은 장기로는 간을 의미한다. 간이 좋지 못한 것은 눈의 색이 흐릿하게 되는 것을 살피면 알 수 있다. 이 사람 건강을 살피자면 눈빛을 살필 일이다. 그렇다고 눈이 마주쳐서 전기가 흐르는 것은 일단을 감정부터 가라앉히고 할 일이니 주의 바란다. 사람의 눈은 여러 가지 말을 한다. 슬픔, 기쁨, 야망, 유혹, 색기, 용기, 두려움, 욕망 이런 모든 기운을 담고 사람의 정기를 담는 것이 눈이다. 남녀를 막론하고 눈은 동자가 검고 너무 크지 않으며 옻칠을 한 듯이 반들반들 윤기가 나는 것이 길상이다. 눈의 형태를 하나하나 따지자면 한도 끝도 없다. 그중에 가장 중점을 파악하고 생각해야 하니 그것은 사람을 바라보는 시선과 눈빛이다. 눈 모양의 관상에 대하여 아래에 적어 봤다.

- 눈 모양은 가늘고 길며 동자의 흑백이 분명하고 광채가 있으며 사람을 누르는 듯한 압인지기가 있으면 크게 성공할 상이며 눈 모양이 둥글고 안광이 흐리며 동자의 흑백이 분명치 않으면 빈궁할 상이다.
- 눈이 샛별처럼 빛나면 세상에 이름을 날릴 상이다.
- 눈알이 사방으로 움직이는 자는 도적의 마음이 있고 음란하다.

- 눈이 둥글고 짧으며 깊은 자는 마음이 사악하고 불량하다고 한다.
- 눈의 흰자가 붉고 눈동자를 염소처럼 아래에서 위로 꼬나보는 상은 천한 명이며 심상이 악하다.
- 남녀를 막론하고 눈동자가 노란 이는 성질이 급하여 항시 안정이 없으며 여기에 동자가 튀어나온 상은 형옥의 화가 있다.
- 두 눈의 크기가 서로 다르면 이복형제가 있고 왼쪽 눈이 작으면 장남이 부인을 어려워하고 오른쪽 눈이 작으면 장녀가 남편을 어려워한다.
- 눈을 가늘게 뜨고 보는 자는 의심이 많다.
- 눈이 금방 울었던 사람처럼 우는 상이나 물기가 흐르는 듯한 눈은 관형의 화나 칼을 맞는 일, 가정적으로 불화한다.
- 눈동자가 항상 움직이고 안정되지 못한즉 의심이 많고 주거가 불안하다.
- 눈빛에서 안광이 밖으로 드러나고 불을 품은 듯 성질난 듯한 상은 가까이해서는 안 된다.
- 눈을 아래로 뜨는 하시자는 생각과 의심이 많으며 위로 쳐다보는 상시자는 자신의 이상은 높으나 간교가 많아 배신할 가능성이 높은 사람이다.

- 눈빛은 선하면 인자하고 차가우면 재앙이 많다고 했다.
- 여자의 눈 밑이 청색이면 남편을 잃고 적색이면 산액을 겪는다.
- 눈 끝 부위는 어미라 하는데 이 부분이 밝고 윤기가 흐르면 남편이 승진하고 재산이 불어날 징조이다.
- 눈이 술에 취한 것과 같은 것은 취안이라 하는데 음독이나 약으로 인한 화가 있다.
- 눈의 테두리가 둥글고 눈두덩이가 깊으면 자식을 양자로 보낸다고 했다.
- 눈에 흰 창이 많은 부위를 차지하는 것은 어리석다 하여 불길하다.
- 눈이 큰 사람은 남녀 모두 이성을 좋아해 연애를 많이 하나 결혼에 실패하는 수가 있다.
- 눈 아래의 누당이 깊이 패이면 가정이 불안하다. 그리고 정력이 약하다.
- 눈이 가늘고 긴 사람은 눈이 짧고 작은 사람보다 도량이 넓다.
- 눈 끝 분의 드러나는 살집을 노육이라고 한다. 이 부분이 적색을 띠면 감정에 타격을 입어 좌절을 겪게 되며 풀기 힘든 원한이 생긴다.

- 이 노육은 드러나지 않는 이는 성격이 좋고 수양이 깊어 명성과 재물을 얻는다.
- 눈이 약간 튀어나와 있는데 눈동자 주변에 핏줄이 많이 간 사람은 성격이 처음과 끝이 달라 같이 무언가를 하면 반드시 배신을 한다.
- 눈이 황색이고 눈썹 털이 희박하면서 얼굴에 붉은 기가 없고 푸른색을 띠면 성격이 교활하고 각박하며 탐욕스럽다.
- 눈이 볼록하고 눈동자 언저리에 물빛이 비치는 사람은 41세를 전후로 사업에 좌절이 있고 생명을 장담하기 어렵다.
- 눈이 하나는 높고 하나는 낮은 사람은 성격이 불안정하고 사물에 대한 견해가 편파적이다.
- 눈이 짝눈인 사람은 남자의 경우 공처가가 많다.
- 눈에 속 쌍꺼풀이 있으면 감성과 이성이 일치하고 융통성이 있으며 남을 배려할 줄 안다.
- 속 쌍꺼풀이 있으면 다른 사람의 견해와 비평을 받아들일 줄 알고 이성에게 최선을 다한다.
- 눈 안에 늘 붉은빛이 감도는 사람은 선천적으로 공격성이 강하다.
- 전택궁이 좁은 사람은 성격이 급하고 진취적이며 경솔하지만 날카로운 판단력을 지니고 있다.

- 눈꺼풀에 경련이 일어난다면 왼쪽은 길하지만 오른쪽은 흉하다.
- 취한 눈은 눈동자가 아래에 있는데 음탕하며 도벽이 있다.
- 눈꼬리 밑의 근심주름은 눈에 바짝 붙어 난 것으로 이성에게 해롭다. 다만 눈웃음으로 생긴 주름은 눈에서 약간은 떨어져 난 것이 좋다.
- 사람을 내려다보는 듯한 눈빛, 먼 산을 바라보는 눈빛, 눈썹에 힘을 주며 약간 찡그린 듯이 보는 눈빛, 눈빛에 눈물이 고인 듯한 눈빛, 슬픈 빛이 든 눈빛은 본인에게 슬픈 빛만큼의 데미지를 가져다준다.
- 아무것도 모르는 듯한 송아지 눈빛, 그것 또한 미련한 스타일이다.
- 곁눈질, 옆눈질, 위아래로 훑는 눈빛의 상은 남녀 불문하고 마땅치 않다.
- 눈이 큰데 볼록하게 튀어나온 자, 눈이 둥글면서 약간 성난 스타일의 눈은 단명하기 좋다.
- 사시인 사람은 겉과 속이 다르고 거짓말을 잘한다.
- 눈 주변이 늘 거무스레한 사람은 술과 여자를 조심해야 하며 가정을 잘 단속해야 한다.
- 눈이 지나치게 젖어 있는 사람은 과로를 조심해야 한다.

- 눈이 크고 눈빛이 밖으로 나가는 여성은 예술 쪽으로 기질이 뛰어나고 쾌활하며 대범하다. 또한 활동력이 뛰어나나 성격이 안정되지 못하고 일을 감정적으로 처리한다.
- 눈이 크고 둥글며 말상으로 얼굴이 약간은 길고 윤곽이 강한 형은 평생토록 바쁘게 뛰며 남편복이 약하다.
- 눈이 크며 광대뼈가 높이 솟은 여성은 남편의 권리를 침해한다.
- 눈은 작으나 형태가 아름다운 여성은 성실하고 본분에 충실하며 지구력이 있다.
- 눈이 깊이 패인 여성은 마음이 안정되지 못하고 인생이 피로하다.
- 대화할 때 시선을 아래로 하는 여성은 마음에 근심이 있다.
- 눈이 튀어나온 자는 비밀을 지키기 어렵다.
- 눈이 짝짝이고 째려보는 눈은 속이 검다.
- 눈이 크고 동그란데 튀어나오면 외롭고 수명이 짧다.
- 눈이 푹 꺼지면 다른 곳이 좋아도 고생을 많이 하는데 30대 전체를 고생하고, 건강이 평생 나쁘다.
- 흰자위가 많은 사람은 성미가 사납고 시련 속에 살아간다.
- 남자의 한쪽 눈이 크면 공처가가 많다.
- 시선이 아리송한 자는 남에게 피해를 준다.

- 눈에 물기가 많아 울은 듯하거나 슬픈 듯한 눈은 결혼 생활이 힘들다.

눈 너무 크게 뜨지 마라

식당에서 소개를 받은 그녀, 눈이 유난히 크게 뜨인 상태로 상대 바라보기를 한다. 일반적 눈에서 상대를 바라볼 때 눈을 크게 안구를 내밀듯이 뜨는 형태는 내면에 화가 차서 그런 경우가 많다. 눈을 크게 뜨면 예쁘게 보일 수도 있지만 눈을 크게 뜨는 방법에 따라 상대를 향한 내 안의 불만과 분노 표출의 방법이 되기도 하고 환장한 사람처럼 보여 무언가 화가 찼음을 상대에게 알리는 신호가 되기도 한다. 눈을 크게 뜨면 안구가 돌출되고 눈이 튀어나온 듯이 보이게 된다. 원래 눈이 튀어나온 형과는 대조적으로 일반적인 눈 형태를 하고 있다가 의식적으로 습관처럼 눈을 크게 떠서 안구를 밖으로 드러나게 하는 행동을 하는 경우가 있다. 하지만 안구가 밖으로 드러나는 경우 내가 이성을 여러 사람 쳐다보고 있다는, 맘속으로 이 사람 저 사람을 고르는 중이라는 신호가 되기도 하며 한편으론 내 건강을 악화시켜 중년에 급작스런 사고나 큰 병을 얻어 사망에 이르기까지 할 수 있음을 알아야 한다.

눈을 치켜뜨는 행위는 내 안의 분노를 표출한다. 나 이만큼

화가 나 있고 싸울 준비가 되어 있다고 스스로 남에게 보이는 것이다. 상대를 처다볼 때도 고개는 그대로인 상태에서 눈만 돌리는 시선을 사용하는 사람이 있는데 결코 모든 사람들에게 호감을 가지기 힘들다. 그런 상태로는 그 어떤 일이 잘되기가 힘들다. 항시 화를 가라앉히고 물을 자주 마시며 호흡을 이용하여서 내면의 분노를 조절해야 한다. 화기가 강한 팔자 구조를 가진 사람은 술을 많이 먹어서는 안 된다. 술을 많이 먹음으로써 피부가 나빠지고 반대로 술을 먹으면서 물을 자주 마시지 않게 되면 혈액이 탁해져 피부가 나빠지기 시작한다. 여성에게 뾰루지나 여드름 같은 피부 트러블이 생기기 좋은 것이다. 술과 분노를 항시 인식하라. 분노를 인식하면 그 분노는 크게 세력을 확장하지 못한다.

좋은 눈빛을 가지는 방법

눈은 바로 해야 한다. 재물을 볼 때 눈을 보고 눈썹을 보고 코를 본다. 마음이 안정되면 눈은 그 안에서 빛이 난다. 안정된 심리 상태는 그 어떤 위기도 이성적으로 판단하게 하고 나쁜 기운도 막아주는 등대와 같은 역할을 한다. 어두운 기운은 밝은 곳에서 힘을 추리지 못하는 것과 같다. 돈 벌고 싶은가, 눈빛을 바로 잡아라. 그럼 금전운이 좋아지고 내가 추진하는 일이 잘 풀린다. 마음만으로 되는 것이 아니다. 일단은 마음을 안정하고 기를 한곳에 집중하는 힘을 길러야 한다.

일반적인 힘으론 결정되거나 밀고 나가지 못하는 상황이 되거나 심리적 압박이 들 때가 있다. 그런 현상에서 난 중장비의 힘을 불러들여야 한다고 말한다. 중장비, 일반적으론 사람이 하지 못하는 거대한 힘을 발휘하는 기계를 의미하는데 인간 삶에도 이런 보이지 않는 거대한 힘을 빌려 써야 할 때가 있다. 몰려오는 좌절감과 분노, 초조, 압박감, 조급함, 해결해 내야 할 사안, 취업, 사업, 승진, 돈, 연애, 상속, 경쟁 이것들은 사람 맘대로 되지 않기에 이런 강한 문제들은 중장비를 빌려 써야 한다. 정신적인 중장비를 말이다. 보이지 않는 힘, 그것은 정신집중과 호흡에서 먼저 발견할 수 있다. 눈빛을 바로잡는 방법을 소개한다. 몸의 기의 흐름을 바로잡아 정신을 안정시키는 방법으로 호흡법을 함으로써 눈빛을 좋게 만들 수 있다.

1. 숨을 들이쉴 때 코로 들이쉰다.
2. 숨을 내쉴 때 입으로 내쉰다.
3. 숨을 들이쉴 때 배를 내밀고 내쉴 때 배를 집어넣는다.
4. 호흡의 속도를 급하지 않게 천천히 호흡의 들이쉬고 내

쉬는 것에만 집중한다.

5. 호흡을 할 때 가슴을 사용하지 않는다.

6. 잘 때나 깨어 있을 때나 걸음걸이마다 의식한다.

그리고 숨을 이런 식으로 쉰다고 생각하라. 처음엔 잘 안 되지만 계속 하다 보면 무의식적으로 쓰게 된다. 평소에 이런 호흡법을 사용하면 자연적으로 분노조절과 혼란스러움이 사라진다. 그리고 호흡을 집중함으로써 자신의 성격을 잘 만들 수 있고 좋은 기운을 만들어 낼 수 있는 것이다.

광대(관골) 🔍

의지의 대명사 광대뼈

일반적으로 광대뼈는 얼굴에서 코를 받쳐 주는 신하라고 한다. 한편으론 의지력과 주변의 인물복을 상징하여 너무 밋밋한 상보다는 광대가 적당히 솟은 상이 좋다. 코가 약간 낮아도 광대뼈가 너무 범하지 않는 범위에서라면 그것 역시 좋지만 광대뼈가 홀로 강하게 발달하여 밖으로 불거져 나가면 그때부터는 이야기가 달라지는 것이다. 대운은 45세에서 54세까지를 지배하고 소운은 46, 47세를 보는 이 부위는 중년의 코와 함께 앞으로의 역량을 보여준다. 여성의 광대가 적당히 솟은 것은 복스럽고 좋으나 밖으로 불거져 나가는 광대는 결혼생활의 적신호를 보낸다. 자신의 주장이 강하고 사회 활동성을 자극하는 신호로서 남편을 누르고 자신의 주장을 강하게 펼치는 경향이 강하기 때문이다. 혹여 광대가 얼굴의 형에 비해 불거져 나간 사람이라면 지금보다 30%는 자신의 주장을 가정에서만큼은 줄여주는 것이 바람직하다고 할 수 있다. 마사지를 잘한다고 소개하며 초청한 형수를 따라 양양에서 마사지를 하는 사람을 소개한다.

60대의 여성, 얼굴형은 약간 수형과 금형의 중간형이다. 적당히 각진 턱에 낮은 이마는 초년에 고생을 상징하고 광대는 강하게 돌출되었다. 여성형 스포츠 커트를 하고 약간 튀어나온 눈두덩이에 눈은 양옆으로 길게 찢어진 상이다. 콧대에는 여러 개의 가로주름이 있는 것으로 보아 여러 번에 걸쳐 망한 흔적이 보인다. 돌출한 광대와 눈이 얼굴에서 가장 강하게 주장을 펼치니 이는 자신의 강한 의지를 나타내고 보통 성격이 아님을 암시한다. 사회활동을 왕성하게 스스로 해나가야지 남편이 벌어다 준 돈으로 살 운명은 아닌 듯했다. 머리스타일까지 아주 강한 인상을 나타내는 약간 긴 스포츠형 머리, 여성이 여성이기를 포기하고 사회활동을 함에 자신의 주장과 의지를 강하게 내보일 때 하는 스타일이다. 어깨는 넓고 팔힘도 강하다. 마사지를 하는 내내 손의 기운이 남자를 능가한다는 것을 느낄 수 있었다. 이런 현상은 본인의 힘이 정말 강해서 나오는 것도 있지만 마사지를 전문적으로 오래 하다 보면 정확한 부위를 눌러 힘을 쓰지 않고도 충분히 지압할 수 있다. 이런 기술을 익히기까지 얼마나 많은 세월을 돌아 왔을까라는 생각이 든다. 마사지의 기술은 하루아침에 만들어지지 않는다. 이 여인은 서울로 마사지를 배우러 다녔고 양양지역의 군부대에 들어가 무료로 군 장병을 대상으로 통증이 심한 장병들에게 무료로 마사지를 해주며 나름의 배움과 경험을 쌓은 것이다. 과거에는 함바집, 농사, 식당, 장사, 온갖 할 수 있는 일은 닥치는 대로 하고 살았으며 몸이 저기압으로 떨어져 고생도 많이 했다고 한다. 광대가 강한 사람은 자신의 의지대로 밀고 나간다. 주변의 도움도 따르고 본인 스스로도 억척스럽다 할 정도로 밀어붙이는 성격이 강해 어떨 때는 미움을 사고 어떨 때는 사람들에게 도움을 받기도 한다. 남이 함부로 덤벼들어 어찌하지 못하는 형이다. 그야말로 돌격형에 가깝다고 볼 수 있다. 이제는 마사지로 업을 삼아 여생을 보내고 손님도 많은 그녀이지만 그 과정까지 얼마나 모진 고통과 시련을 견뎌야 했을지 나는 알 수 있다.

그녀가 한 말의 한마디가 가장 떠오른다. 많은 생각과 많은 욕심을 버리고 가야 한다. 난 모든 것을 버렸다. 성질 내면 내가 아프고 싸워도 내가 아프다. 고민과 걱정을 해도 결국 내가 아프다. 그냥 단순하게 하고 싶은 것을 밀고 나가면 되는 것이다. 이런저런 걱정을 하면 다른 것이 채워지질 못한다는 것이다. 상당히 공감되는 부분이다. 해결 거리가 없는 고민은 더 이상 할 이유가 없다. 돈이 안 벌려 걱정, 어떻게 사나 걱정을 해도 남는 건 걱정과 뒷골 땅기는 현상뿐이다. 그냥 그럴 시간에 할 수 있는 것을 붙들고 가는 것이 더 현명하다. 잡생각은 아무것도 만들지 못하더라.

돈을 보려면 코와 입을 봐라

계사년 한여름 더위에 잎사귀가 말라버릴 듯한 뜨거운 태양이 뜨기 전에 난 새벽 산에 오르곤 한다. 새벽산은 일찍이 뜨는 해를 보기 위해 해보다 먼저 산 정상을 선점하기 위해 일찍 일어나야 하거니와 날이 어둑어둑한 숲길을 헤치고 나가야 하기에 어떨 땐 새벽산이 에어컨 바람보다 시원하다는 느낌을 받곤 한다. 요즘 난 한창 기타 연습에 빠져 산에 오를 때도 기타를 등에 메고 오른다. 어찌 보면 참으로 기타를 잘 치는 기타리스트처럼 보일 것이다. 하지만 난 겨우 코드를 외우는 정도, 산속에서 기타를 치면 누구 신경 쓸 일 없으니 들고 오른 것이다. 등이 젖는다. 그래도 난 기타가 젖을까 걱정하지 옷이 젖는 것은 신경 쓰지 않는다. 초록봉으로 가는 길목엔 멧돼지 발자국, 노루 발자국, 가끔은 토끼도 뛰고 뱀도 기어 다닌다. 능선을 타고 달리는 노루와 고라니의 모습은 멀리 뛰기 선수이다. 한 발짝 내디뎌 뛰어오르면 일반 성인걸음의 몇 배를 뛰어서 산속으로 사라진다. 그 모습은 본 사람만이 느끼는 장관이다. 산딸기가 많이 나는 이 산은 나의 작은 고향이자 수련터다. 구불구불한 산길을 올라가면 작은 봉우리에 정자 하나가 만들어져 있는데 난 항상 태양을 그 정자에서 동해바다와 함께 떠오르는 모습을 보기 위해 쉴새 없이 산을 뛰어오른다. 그렇게 바람을 가르듯이 숨을 헐떡이며 산 능선을 타다 보면 뉘엿뉘엿 해가 떠오르기 시작한다. 어둡던 길이 슬슬 보이기 시작하고 산새가 울어 재끼면 해가 뜨고 있다는 신호인 것이다. 발걸음을 재촉해 산 정상 정자에 앉아 있으니 태양이 솟는다. 나 혼자 이 광경을, 이 동해시 일출을 만끽하는구나 하고는 숨을 들이쉬었다 내쉬며 기마자세로 호흡을 한다. 펼쳐진 바다에 동해항의 모습이 보이고 큰 배와 작은 배들이 잠자리에서 일어나지 않은 듯 아직도 엎드려 있다. 바다는 조용하다. 그 안에서 태양이 떠오른다. 아 저기 내가 나온 광희고등학교, 내가 나온 북삼초등학교, 저기 저 북평엔 장이 서려고 벌써 장돌뱅이들이 짐을 푸느라 분주하구나. 한참을 앉아 혼자 사색에 빠져있는데 주부로 보이는 좋은 등산복 차림에 물통을 하나씩 손에 쥔 여인네들이 정자에 오른다. 말없이 빈자리에 걸터앉아 물을 마시고 저들끼리 바다를 보고 감탄도 하고 동해가 보인다고 이야기도 한다. 그러다가 내가 보였는지 나에게 말을 건넨다.

"젊은 분이 일찍이도 다니시네요."
"기타 들고 다니시는 거 보니 기타 잘 치시나 봐요, 뭐 하시는 분이세요?"
"네 저는 관상가입니다."
"네…? 젊으신 것 같은데 그런 걸 하시네요…?"
"네 젊어서 해야지 나이 들어서 공부 못 하죠." 하곤 그냥 웃는다.
"우리들 관상은 어때요?"

가장 먼저 듣는 소리이기도 하고 어찌 보면 이제는 귀찮을 법한 소리다. 생선장수에게 그냥 생선 달라고 하는 것과 같으니 그저 한 번 웃고 만다. 그래도 붙들고 다시 물으니 한마디 던진다.

관상으로 찾는 나의 배우자

"어허… 기타 치는 사람한테 무슨 관상은… 오늘은 기타 연습해야 하니 나중에 오시오…."

그렇게 말하자 까르르 웃으며 기타 치는 것 좀 보자고 한다. 기타 치는 것을 보자니… 난 이제 겨우 코드를 외우고 있는데…. 기타 소리도 안 나지만 그래도 전에 연습할 땐 그럭저럭 코드에 맞춰 소리는 났으니 한 번 치기나 해보자. 긴장한 탓인지 코드를 제대로 붙잡아도 찢어진 북소리가 나온다. 북북 북…. 떵 떵 떵 소리가 나와야 하는데 북북 거리는 소리를 듣고는 여인들은 바로 입을 닫고 침묵이 흐른다. 산속 정자 위에서의 침묵은 나를 무안하게 만든다. 잠시 한숨을 내쉬고 그냥 기타를 가방에 욱여넣으며 어색한 자세로 바다만을 바라본다. 그 상황에서 등을 보이며 산을 도망가듯이 내려가기도 그렇고… 그냥 여기서 저 여인들이 먼저 갈 때까지 기다리자 그게 낫지. 잠시 바다를 보다가 여인들 중 한 사람의 얼굴이 눈에 들어온다. 코는 작고 얼굴은 갸름한 상에 눈은 보통 전형적인 눈이다. 입도 작으니 돈은 많을 상이 아니요, 이마가 좋지 않으니 이것은 과거 일찍이 결혼하면 가정의 문제다. 내가 쳐다보니 그 여인 눈치를 채고는 말을 건넨다.

"제 얼굴이 이상한가요?"

"아니요, 그런 건 아니고… 그냥 어릴 적엔 고생 좀 하셨네요."

"와우."라고 소리를 내더니 나 남자를 하나 만나야 하는데 남자복이 있느냐 묻는다.

난 잠시 망설이다가 없다라고 말하며 대신 남편 될 사람이 돈이 많고 복이 있으면 되질 않겠느냐는 말로 위로를 한다. 그러면서 정자에서의 일장 연설이 시작됐다.

돈 있는 사람. 돈은 먼저 코를 보고 입을 살핀다. 그리고 눈을 보고 현재의 기색을 살피는 것이 마땅하다. 또한 금전적 부자인지 땅을 많이 가졌는지를 보려면 코와 전택궁을 살핀다. 돈은 일단 코를 살피니 코에 살집이 두둑하고 콧방울이 좋아야 하며 콧대가 너무 뾰족하지 말아야 한다. 콧대가 너무 날카롭게 서며 화살코처럼 생기면 돈을 꿰면 빠지지는 않으나 뾰족한 화살코도 살집이 풍융해야 돈의 진가를 볼 수 있는 것이다. 눈이 매섭고 코가 살집 없이 뾰족하면 되레 사납거나 날카로우며 인정이 적은 편이 많다.

• 콧구멍이 넓어서 일반적 구멍보다 크면 돈을 모으는 것이 어렵다. 코가 좋고 콧구멍이 크면 돈은 많이 들어와도

들어오는 만큼 나갈 일도 많은 것이다.

- 눈이 반짝반짝 빛나고 눈썹은 수려한 스타일이나 약간 강한 직선과 곡선을 어우러진 스타일이 많다.

- 코 뿌리가 시작되는 지점에 가로주름이 많이 간 자는 아무리 돈이 많아도 실패한 경험이 있거나 과거에 돈이 많고 현재는 망해서 돈이 없는 경우가 많다.

- 코가 좋아도 눈이 흐리멍텅하거나 술을 좋아해 코가 벌겋거나, 입이 너무 작으면 그릇이 작고 욕심이 적어 돈을 벌어도 종내는 지키지 못한다.

- 돈이 많아도 눈썹이 농탁하고 조밀하면 답답해서 같이 살기 힘들고 마누라를 잡는 스타일이 많다.

- 손바닥은 손등과 손바닥이 두툼하고, 손바닥을 위로 했을 때 손바닥의 중간이 움푹 어느 정도 들어가 물이 고일 정도가 되어야 좋다.

- 돈이 붙는 사람은 그 사람에게 돈을 한 장 줘봐라 말하고 돈을 넘겨받을 때 돈이 그 사람의 손에 살짝 붙었다 떨어지는 느낌, 잡아다가 놓는 느낌이 난다.

- 인물이 준수하고 궁상이 흐르지 않으며 활달하여 위풍이 있어야 한다.

- 이마는 넓고 죽지 않아야 하며 둥글고 높이 솟아 대접을

엎은 듯이 돼야 한다.

- 눈썹은 적당하고 윤택하며 눈과의 거리가 위로 높고 눈 사이의 간격은 너무 멀어서는 안 된다.
- 눈은 가늘고 광채가 나며 흑백이 분명하여야 하고 빛이 안으로 빛이 나야지 밖으로 나서는 안 된다.
- 입은 크고 확 다물어 져서 힘차게 보여야 한다. 입술은 붉고 이는 희고 가지런하여 30개 이상이 되어야 한다.
- 인중은 대나무를 반으로 쪼개 세로로 세운 듯이 골이 분명해야 하며 위는 약간 좁고 아래는 약간 넓으며 남자는 털이 나야 한다.
- 귀는 눈보다 높이 솟은 것이 귀상이며 뒤로 살짝 젖혀져 정면으로 봤을 때 거의 보이지 않는 것이 좋다.
- 좌우 광대뼈가 솟고 아래턱이 너무 뾰족하지 않으며 체격이 건장하고 뼈와 살이 있어 60kg 이상에 풍채가 당당해야 한다.
- 걷다가 누군가 불러서 돌아볼 때 고개를 왼쪽으로 돌아보는 자는 유관 유록인이며 오른쪽으로 돌아보는 자는 무관 무록인이다.
- 코가 현담비라 하여 콧대가 힘 있고 살집이 있으며 입은 각궁을 엎은 듯이 모양새가 뚜렷하고 입꼬리가 올라가야

한다.

- 돈 있는 자는 가장 먼저 코가 좋다. 그다음 눈과 입이 좋은데 이마가 낮으나 눈썹부터 시작해 광대와 코, 입이 뛰어나면 초년고생은 해도 30대에 들어서면서부터 힘이 붙기 시작하는 것이다.
- 돈 있는 사람은 살집이 있고 등이 넓고 곧으며 얼굴에 기색이 좋다.
- 부자는 얼굴에 여유가 있고 오관의 균형이 뛰어나다.
- 얼굴이 검어도 몸이 희면 격이 높다.

이렇게 일장 연설을 쏟고 나니 돈 있는 사람과 명예는 어떻게 나누는가가 궁금하단다. 어느 집안 남편은 어디 동장이고, 어디 남편은 시청에서 일하고 누구는 의원에 나갔다더라. 그 사람들은 돈과 명예를 다 가진 것 아니냐는 것이다. 맞는 말이다. 그래서 이번엔 명예에 대한 관상을 설명하였다.

명예를 구하는 자

- 이마가 넓고 훤하며 얼굴이 크다. 얼굴에 비해 이마가 적당해 보이지만 보통 사람보다 크다.
- 눈빛이 좋고 빛나며 위엄이 흐른다.

- 눈썹이 강하게 위로 모아 쏟은 형이 많고 눈썹 털이 강한 듯하면서도 안에 살이 보이듯 수려하다.
- 얼굴에 광대뼈가 코와 조화를 이루며 이마의 손이 따뜻하고 땀이 나지 않으며 손가락의 사이가 벌어지지 않으며 힘이 있되 부드럽다.
- 목소리가 우렁차고 갈라지지 않는다.
- 귀가 적당히 크며 귓불이 내려가 명성운이 좋다.
- 귀는 눈보다 높으며 귀가 정면에서 봤을 때 보이지 않는 이는 귀하다.
- 입이 크고 윤곽이 각궁을 엎은 듯하고 입꼬리가 양 하늘로 올라갔다.
- 코가 휘지 않으며 곧고 살집이 풍부하다.

한바탕 떠들며 이번엔 돌싱을 위한 상대를 고를 적에 유의할 관상에 대해 설명해 주었다.

고생할 상

- 얼굴에 불만이 가득한 표정, 남녀노소, 눈을 아래에서 위로 치켜뜨는 상
- 얼굴에 궁상이 흐른다. 눈, 코, 입 귀, 눈썹 등을 뜯어보면

그럴듯한데 종합해서 보면 어딘가 모르게 궁상이 흐르고 어색하게 보이는 상이다.

- 이마가 넓은 듯하나 꺼진 데가 많고 혹은 좁거나 잔주름이 많고 빛깔이 침침하고 어둡다.

- 눈썹은 위로 너무 농탁하거나 희박하고 눈 위로 바짝 붙어 눈 사이 간격이 너무 붙어도 좋지 않다.

- 눈은 광채가 나지 않거나 풀려있고, 핏줄이 선 것은 좋지 않다.

- 코는 삐뚤어져서는 안 되고 코뼈가 붉거지거나 굴곡이 진 삼곡비는 좋지 못하다. 콧방울에 힘이 없는 것도 불길하다. 실로 코가 부러진 경험이 있는데 코를 제대로 교정하지 않은 사람은 주체가 약해 의지대로 밀고 나가더라도 그것을 오래 지켜 내지 못하며 시련이 많아 살아가는데 난관이 많다.

- 귀는 귓갓이 분명하여야 되는데 그렇지 못하여 귀의 안쪽이 바깥선의 보호를 받지 못하고 안쪽이 밖을 보는 형은 여자 남자를 불구하고 사회에 스스로 뛰어들어 활동하는 형이다. 또한 친인척의 불화가 있다. 관상의 가장 중점은 눈빛이니 항시 마음을 바로 하고 지금 이 순간 호흡에 집중하면 반드시 눈빛이 달라지고 귀인의 형으로

바뀔 수 있다.

- 밥을 많이 먹어도 마르고 걷거나 앉은 상이 궁색해 보이거나 말라서 힘이 없어 보인다.
- 코 뿌리에 가로금이 하나 가있으면 41세에 망한다. 가정도 위험하다.
- 콧구멍이 뻥하니 뚫리고 살집이 없이 콧대만 높으면 돈을 모으기 힘들다. 있는 대로 다 쓴다.
- 뒤통수가 깎아지른 듯 일자이면 건강에 좋지 않다.
- 이 사이가 벌어진 자는 무언가 잘된다 해도 결국은 말아먹고 이리저리 떠돈다.
- 얼굴이 너무 길면 인생이 쓰다.
- 눈썹 털이 선 사람은 성격이 더럽다.
- 곱슬머리처럼 꼬인 눈썹과 힘없이 늘어진 눈썹은 자식복이 약하고 외롭다.
- 여덟 팔자 눈썹은 고독하다.
- 아집 있게 생긴 상도 자기 고집으로 망한다.
- 머리카락이 뭉치거나 누렇게 뜬 상
- 눈동자가 누렇거나 탁하고, 붉은 기색이 도는 자
- 광대뼈가 몹시 강하고 코가 빈약한 자
- 이마는 튀어나오고 이마 아래가 꺼진 상

- 이마에 어지러운 주름이나 상처가 있는 상
- 눈썹 사이에 침처럼 가는 주름이 진 상
- 뼈가 강하고 살이 없는 상
- 얼굴이 길고 입술이 얇으면서 긴 입에 눈의 형상은 와잠 부위가 일자다.
- 얼굴에 살이 없고 푸른 빛이 띤 상
- 이마가 너무 넓고 이목구비가 작은 상
- 귀가 발랑 뒤집히고 귓바퀴가 없는 상
- 얼굴이 작고 허리가 볼륨이 없는 상
- 코 뿌리가 꺼진 상
- 턱이 찌그러지고 삼각형을 이룬 상
- 목소리가 남성처럼 허스키하고 쉰 목소리
- 체격이 크고 손이 남자 손처럼 큰 상
- 눈이 둥글고 부리부리한 상, 눈이 커서 예쁘지만 외롭다.
- 잠꼬대가 심한 상
- 입이 튀어나온 상
- 정면의 광대가 아닌 눈 옆의 아랫부분이 밖으로 나간 상
- 키가 큰데 목이 굵고 짧은 상
- 살짝 들창코인 상
- 입을 삐죽거리고 눈을 옆으로 뜨는 상

- 눈은 졸린 듯 반은 감은 듯하고 눈썹은 찡그린 상
- 눈이 튀어나오고 눈을 환장한 듯이 뜬 상
- 얼굴이 오이처럼 약간은 앞으로 휜 상
- 눈썹이 있는 듯 없는 듯한 상
- 눈 부위가 움푹 들어가 패인 듯한 상은 건강도 좋지 않고 삼십 대에 고생한다.

한참을 설명하다 보니 점심때가 되어간다. 아, 말을 많이 하니 힘이 없구나.

"나는 이대로 내려 갈라니 어디 좋은 남자들 있나 잘 들 보시고, 행복하세요."라며 손짓을 하며 나는 그렇게 유유히 산을 걸어 내려왔다. 바람이 솔솔 분다. 정자에서 우측으로 바라보니 옥녀봉이 보인다. 옥녀봉… 그럼 저 옥녀봉의 짝은 어디 있으려나…. 세상사 산까지 암수가 있으니 저 여인네 같은 봉우리에 어느 남정네가 정을 둘지 두고 볼 일이다.

관상으로 찾는 나의 배우자

그대 목소리 슬픔과 한을 담았네🔍

허스키한 목소리, 갈라지는 목소리, 칼칼한 목소리, 여성의 목소리임에도 약간은 걸걸한 느낌이 들어간 목소리는 열의 발생으로 생기는 현상이다. 불의 기운은 하단전에 자리를 잡아야 하는데 화가 치밀고 고생 고생을 하다 보니 여성의 음이 좋아들어 밖으로 내뱉어지는 것이 목소리로 발산된다. 청량한 음성의 목소리는 굉장히 중요한 부분이다.

* 남자인데 여자 같은 목소리를 내거나 몸은 큰데 소리가 작거나 말보다 안색이 먼저 변하는 상은 길하지 못하다.
* 목소리가 급하면서 쉰 듯하거나 완만하면서 느물거리거나 소리는 큰데 흩어지는 소리는 일이 잘 풀리지 않는다.
* 소리가 약한 사람은 나약하다.
* 소인의 소리는 유약하며 경박하고, 말은 빠르나 두서가 없다.
* 있는 내용을 부풀려 말하거나 자신의 일을 과장되게 포장하여 자랑을 일삼는 언행, 자신의 잘못은 말하지 않고 남을 무조건적으로 비난하는 언행을 하는 사람은 사기꾼이다.

- 여자가 남자의 소리를 내면 시집을 여러 번 간다.
- 깨지는 소리가 나는 사람은 일에서 성공하기 힘들다.

기분이 안 좋아도, 인생이 힘들어도 소리를 걸걸하게 내선 안 된다. 그것이 나를 더 힘들게 만든다. 나를 예뻐할 상대로 하여금 나를 떠나가라 외치는 격이다. 고운 목소리, 안 되면 연습해서라도 내야 한다. 당신의 행복을 바란다면.

여자 그대의 얼굴은 인생의 도화지🔍

여자의 얼굴은 인생이 나타난다

사람의 얼굴엔 여러 가지 인생이 드러난다. 마음을 숨기고 어느 정도 사는 것은 그럭저럭 드러나지 않을 듯하지만 사람의 인생행로가 그대로 묻어나는 것이 얼굴이다. 그리고 그런 성향을 커버하는 것이 바로 행동이다. 사람의 얼굴을 이리저리 보다 보면 남자의 얼굴보다 여자의 얼굴에 확연히 그녀들의 삶이 잘 드러난다. 슬픔과 기쁨, 자존심과 분노, 그리움과 우울함 이것은 남자는 잘 드러나지 않는다. 하지만 길을 가다가 혹은 나를 찾는 많은 여성들은 자신을 그대로 얼굴에 드러내고 있다. 슬픔을 드러내 놓고 좋은 남자를 만날까, 내가 이만큼 화가 차있다. 자 와라. 맘에 안 들면 박살 내줄게, 어디 와봐. 마음은 아닐지언정 이미 내 내면의 세계가 그렇게 외치는 것이다. 아 몸 아파, 아 슬퍼, 우울해 죽을 것 같애 살기 싫어. 난 가끔 길에서 만나는 여인들 중에 많은 슬픔을 가진 이들을 보곤 한다. 그럼, 나도 슬프다. 그녀들의 고통을 내가 너무도 잘 알기 때문이다. 그래서 슬프다. 하지만 난 다가서서 말할 수 없다. 이유는 그녀들의 삶이기 때문이다. 오히려 내가 건방지게 그녀들의 내면을 훑어보고 지나간 것이 미안할 지경이다. 어찌 됐든 사는 인생에 그녀들의 인생행로, 행복하길 바라고, 그녀들의 짝이 좋은 짝이길 바란다. 그래서 그 상처, 고스란히 묻어버렸으면 좋겠다.

　돌싱들의 인생이 얼굴에 드러난다. 화장만 하지 말고 자신의 표정을 봐라. 생긴 탓 마라. 못생긴 얼굴은 없다. 다만 심중의 성향이 얼굴에 드러날 뿐이다. 마음의 화장이 필요한 이유이다. 여성의 얼굴은 도화지 그 자체, 예술이다. 스스로가 자신의 표정을 보고 조절한다면 우린 거리 위에서 그녀들의 예술성에 매일매일 패션쇼를 보는 느낌일 것이다.

　여성들이여 자신의 얼굴 표정을 조금만 조절해 보자. 그대들의 얼굴은 예술이다.

매력을 키우는 것이 성형보다 중요하다

가을 지나가는 어느 결혼식장, 친구의 결혼식장에 선후배가 모였다. 내가 관상가로 활동한다는 사실을 어느 정도 아는 사람도 많으니 이리저리 사람들이 비적비적 내 곁으로 와 말을 걸기도 하고 괜스레 눈을 마주친다.

'음… 이거 부담스럽군. 그래그래, 너 좋고 넌 안 좋다. 어허 저럼 안 되는데… 저런 행동을 하면 안 되지….'

얼굴의 움직임과 말하는 입 모양을 보면 멀리서도 지적 사항이 나온다. 하지만 마음으로만 외칠 뿐 있는 자리에서 이 사람 저 사람 얘기하다 보면 아마도 나를 모르는 사람은 내가 미쳤다고 말할 것이다. 그저 먼 산을 바로 보는 척하면서 한편으론 눈으로 사람들의 점수를 매긴다. 그때 웬 여자가 등을 탁 친다.

"응? 누구…?"
"저에요 저 효선이요."
"어…? 효선이…?"

내 맘속에 있던 중학교 때부터 알고 지낸 귀엽고 착한 동생… 요즘 말로 약간의 썸이 있었지만 세월 속에 "오빠는 잘 있단다"를 외치며 그냥 그리워하며 잊혀진 얼굴… 그래도 한편으론 그리운 그 얼굴 못 잊어 가슴에 새겨두었던 그 아이, 그 아이가 내 앞에 있단 말인가…. 그런데… 고개를 갸우뚱하며 난 그 여자를 바라본다. 내가 알던 그 아이가 맞는가. 약간은 귀엽스럽고 약간은 둥글둥글하여 못난이 같이도 보여서 더 예뻤던 고등학생이 눈은 옆으로 커지고 코는 오똑하긴 한데 얼굴에 비해 첨예하게 높다. 얼굴의 균형이 깨진 상, 전에 내가 알던 귀엽스런 얼굴이 아니다. 부분부분 뜯어놓으면 예쁘나 전에 있던 복스럽던 얼굴은 어디로 갔단 말인가. 한번 안아주고 싶었던 그 아이의 얼굴이 이제는 관상가가 된 내게 그저 이를 어쩌나 하는 심정으로 가슴에 비수로 꽂힌다. 내 너를 그렇게 예뻐했는데… 속으로 울며 아 어떻게 더 예뻐졌니를 말하는 내가 싫었다. 앳된 얼굴이 나이 먹어서도 복스럽게 자라서 예쁠 것이라 생각했던 내 상상이 무너졌다. 그리고 한편으론 걱정이 됐다. 코가 둥그스름한 얼굴에 오똑 솟아 광대가 따라오질 못하고 눈이 옆으로 트임으로 인해 커져 어미간문이 줄어들었다. 눈빛은 쏟아질 듯한 음기가 발산되니 이는 큰일인 노릇이다.

성형, 하는 것은 좋다. 다만 내 얼굴의 고유 매력은 어디다 버렸는가.

한국말에 단아하다는 말이 있다. 단아함은 질림이 없다. 적당한 산과 물, 나무가 만나 어우러지는 것이 대청봉과 남산이 어우러진 형상보다 아름답고 좋은 법이다. 사람 취향에 따라 다르겠지만 관상은 균형이다. 인간 얼굴에 균형이 깨지면 인생도 깨진다. 각 부위에서 나타나는 운에 엎어지고 복을 받지 못하며 외로워지는 것이다. 눈이 너무 크면 가정궁이 망가진다. 상대를 이리저리 찾게 된다. 남편복이 떨어지는 것이다. 큰 눈은 눈동자를 그만큼 드러내게 되고 눈에서 음기가 강하게 작용하면 남이 볼 때 예뻐도 본인은 슬픔이 가슴에 사무칠 일이 생긴다. 주의해야 할 일이다. 코가 너무 높아 살이 없으면 홀로 외롭고, 눈이 음기가 강해 흐르듯이 보이면 정신이 무너진다. 더욱 예쁜 것과 더욱더를 외치면 후에 남는 것은 아무것도 없어 허무로 인한 정신의 허무를 맛보게 된다. 그럼 맘 둘 곳이 없어진다. 그것은 본인을 되레 망가뜨린다. 무서운 노릇이다. 예쁘게 되는 것도 좋지만 자신의 매력을 망가뜨리면서 바꾸려 해선 안 된다. 관상의 기본은 균형이다. 균형이 깨져 각 부위가 제 잘났다 우기면 그날로 균형이 깨져 산사태처럼 떠내려오는 악운을 피할 길이 없어지는 것이다.

관상으로 찾는 나의 배우자

최상의 아름다움을 함부로 꾀하지 마라. 원앙은 작지만 예쁘고 황새는 부리가 길지만 원앙 같은 단아함은 없다. 길고 뻗은 것이 극에 달하면 되레 허해지는 것이다. 나만의 매력, 적당한 선을 지키며 적당히 세우고 올리고 깎을 일이다.

이미 당신은 나름의 정기를 품고 아름답다.

2 아내복은
어디서 오는가

    남자는 아내복을 묻는 사람이 거의 없다. 하지만 이렇게 아내복을 말하는 이유는 남자도 여성을 잘못 만나면 아주 고생을 하거나 인생을 망칠 확률이 높아지기 때문이다. 남자의 잘못으로, 무관심, 경제적 이유, 성격, 바람 등이 있지만 여성 중에도 이런 문제를 일으키는 사람이 있다. 자신이 잘난 양 남자를 저울질하고 갖고 노는 여자는 눈빛이 음하고 냉랭한 경우가 많다. 어설프게 눈빛을 속이는 경우도 있지만 자세히 보면 그 눈빛이 보인다. 남자를 볼 적에 희번덕하는 눈의 움직임이나 눈의 눈동자가 이리저리 움직이는 형태는 불안함의 원천이기도 하다. 남자의 아내복은 기본적으로 입과 코, 어미 간문에 걸치는데 어미간문이 넓은 사람은 여자에게 이런저런 도움을 많이 받는다. 코가 좋으면 좋은 여자를 만나며 입이 크고 윤곽이 뛰어나면 더욱 좋다. 남자가 마르면 아내는 약간은 살집이 있고 동그란 스타일이 좋고 남자가 크면 여자는 약간 마른 형이 좋다. 남자 이마가 낮아 들어간 형에 눈썹 뼈가 강하게 튀어나오면 일단은 동글동글하고 이마가 좋은 여자를 만나는 것이 바람직하며 턱이 강하거나 코가 너무 높아 이국적인 스타일의 여성은 맞지 않는다. 이는 남녀노소 마찬가지이다. 남자 턱이 강하면 여자는 너무 말라선 안 되며 살집이 있는 갸름하거나 둥근 상이 좋고 여자가 턱이 강하고 이마가 강하면 남자가 둥근 형의 얼굴에 이마가 뛰어나고 살집이 있어 급하지 않은 것이 좋다.

그럼 남자가 사각턱에 여자가 갸름한 얼굴에 턱이 빈약하면 어떨까? 여자가 남자에게 눌려서 가정생활 동안 심리적 고충을 겪는다. 여자가 동글동글해도 목이 짧고 턱이 어느 정도 강하면 남자가 여자를 움직이지 못해 성격 차이로 이혼한다. 남자의 아내복은 남자본능인 여성에 대한 환상을 버리고 내 성격에 맞는 형을 찾는 것이 우선이다. 고집, 성향, 약간의 사치성, 쾌활함, 생활습관, 말투 이런 것들은 앞으로의 결혼 생활에 엄청난 영향을 미친다. 내가 받아 주고 살 것인지 아니면 바꾸라고 미리 말하든지 둘 중에 하나는 해야 하는데 맘에 안 드는 부분을 상대에게 바꾸라 하면 그게 잘 바뀌지 않는다. 그리고 윗장에서 설명한 고생할 상의 관상을 참고하면 행복한 가정을 위한 좋은 짝을 만날 수 있다. 말 몇 마디 던져선 여자의 속내를 알 수 없다. 여자의 상을 정확히 간파하는 것이 나의 단점을 보완하고 아내 복을 끌어들이는 최고의 방법인 것이다.

복 있는 눈빛을 만드는 방법🔍

가을걷이 사천에 쌀을 수매하기 열심히 콤바인이 논을 빙글빙글 돌며 황금빛 물결을 하나하나 정리하여 쌀 포대에 벼만을 담는다. 이번에 우리 쌀은 1등급을 받았다. 그것도 탈곡기가 최신화되어 벼눈 쌀눈을 보호해 영양가가 더욱 높아졌다. 한 경운기 싣고 나면 그야말로 부자가 된 느낌이니 부지런히 벼를 포대에 담아 경운기에 싣는다. 우린 말라 갈라진 논에는 벼 말고는 아무것도 없을 거란 착각을 한다. 하지만 논엔 물이 말라 그냥 황금빛 벼만 있는 듯해도 그 안엔 많은 생명들이 아직도 자리를 트고 살고 있다. 예를 들어 첫 번째 숙박 동물은 고라니다. 펑퍼짐한 엉덩이를 실룩거리며 농부를 보면 한 번 힐끔 보곤 어슬렁어슬렁 엉덩이를 흔들어 대며 논으로, 또는 산으로 들어간다. 이놈의 고라니는 벼를 다 자빠뜨려 자신의 푹신한 침대로 만든다. 얄밉고 한 대 쥐어박고 싶지만 실제로 길목에서 순간 마주치면 생각보다 크다. 때리지도 어쩌지도 못하고 서로 한참을 바라보다가 고라니가 자리를 슬슬 피한다. 고라니도 아마 그런 생각이지 않을까. 다음으론 개구리와 메뚜기다. 개구리는 말라버린 논에 미련이 남아 말라버린 사랑에 제 죽는 줄 모르고 뛰어들듯 콤바인이 한 번 벼를 쓸고 지나가면 다시 벼가 있는 쪽으로 줄행랑을 친다. 그러다 보면 콤바인의 궤도에 깔리는 개구리들이 가끔 있다.

"야야 그리로 가면 안 돼."라고 외치지만 개구리는 귀가 없는지 그저 미련스럽게 '나의 사랑 논과 벼'라는 듯이 벼 안으로 들어가 버린다. 가끔 내 말 안 듣고 미련 쓰다가 결국 메마른 사랑에 밟히는 사람들 같다. 메뚜기는 그나마 영특해 이리 뛰고 저리 뛰어 논 밖으로 탈출을 감행한다. 한창 벼를 수확하는데 문자가 온다.

"바쁘세요?"
"네 오늘은 벼 수확해서 정미소 가야되서요."
"네… 그럼 내일은요?"
"음 내일은 한 번 시간 내보겠습니다."

나를 찾아온 여인을 기다리느라 새벽에 쌀을 걷고 점심때부턴 자리를 차지하고 앉는다. 이따금 고라니와 개구리, 메뚜기가 뛰는 모습이 눈에 선하다. 그녀가 다가온다. 잘 솟은 이마, 코도 적당히 솟아 살집이 있으니 좋고, 입은 작으나 그럭저럭, 치아는 반듯하니 좋구나. 검은 안경을 쓴 그녀가 안경을 벗으며 인사를 한다.

"안녕하세요."

"네 어서 오세요."라며 그녀의 눈을 본다.

아차 이런… 이마는 좋은데 눈썹이 약간은 누른 듯하면서 눈이 작은 것은 흠이 아니나 눈이 마치 우는 것처럼 눌린 듯한 상이구나. 이마에서 시작한 언덕이 코 뿌리 시작점에서 한 번 급경사를 이뤄 꺾이고 눈이 약간은 들어가 눈이 미련한 듯 보이는 상이다. 31세부터 시작해 35세까지 고생길이 훤하다.

"아이고, 일단 눈부터 관리를 잘하셔야겠네. 그래서 바른 일 하겠어요?"

스스로 힘든 길을 걸어갈 상이요, 어릴 적은 몰라도 30대부턴 고생이다. 내 말대로 30대부턴 이런저런 일을 해도 안 되고 가게도 말아먹고 지금은 월급쟁이 생활인데 그것도 맘에 안 들고 만나는 남자는 있는데 그것도 그저 그렇다며 하소연이다. 남자, 남자를 잘 골라야 내 인생이 피지. 특히나 이렇게 갑작스럽게 이마에서 꺾어져 눈이 들어간 상은 남자를 더욱더 잘 만나야 된다.

"일단 내 맘자리부터 제대로 잡게 이 방법을 써보세요."라며 이야기를 시작한다.

눈은 바로 해야 한다. 재물을 볼 때 눈을 보고 눈썹을 보고 코를 본다. 마음이 안정되면 눈은 그 안에서 빛이 난다. 안정된 심리 상태는 그 어떤 위기도 이성적으로 판단하게 하고 나쁜 기운도 막아주는 등대와 같은 역할을 한다. 어두운 기운은 밝은 곳에서 힘을 추리지 못하는 것과 같다. 돈 벌고 싶은가 눈빛을 바로 잡아라. 그럼 금전운이 좋아지고 내가 추진하는 일이 잘 풀린다. 마음만으로 되는 것이 아니다. 일단은 마음을 안정하고 기를 한곳에 집중하는 힘을 길러야 한다.

일반적인 힘으론 결정되거나 밀고 나가지 못하는 상황이 되거나 심리적 압박이 들 때가 있다. 그런 현상에서 난 중장비의 힘을 불러들여야 한다고 말한다. 중장비, 일반적으론 사람이 하지 못하는 거대한 힘을 발휘하는 기계를 의미하는데 인간 삶에도 이런 보이지 않는 거대한 힘을 빌려 써야 할 때가 있다. 몰려오는 좌절감과 분노, 초조, 압박감, 조급함, 해결해 내야 할 사안, 취업, 사업, 승진, 돈, 연애, 상속, 경쟁 이것들은 사람 맘대로 되지 않기에 이런 강한 문제들은 중장비를 빌려 써야 한다. 정신적인 중장비를 말이다. 보이지 않는 힘, 그것은 정신집중과 호흡에서 먼저 발견할 수 있다. 눈빛을 바로잡는 방법을 소개한다. 몸의 기의 흐름을 바로잡아 정신을 안정시키는 방법으로 호흡법을 함으로써 눈빛을 좋게 만들 수 있다.

1. 숨을 들이쉴 때 코로 들이쉰다.
2. 숨을 내쉴 때 입으로 내쉰다.
3. 숨을 들이쉴 때 배를 내밀고 내쉴 때 배를 집어넣는다.
4. 호흡의 속도를 급하지 않게 천천히 호흡의 들이쉬고 내쉬는 것에만 집중한다.
5. 호흡을 할 때 가슴을 사용하지 않는다.
6. 잘 때나 깨어 있을 때나 걸음걸이마다 의식한다.

그리고 숨을 이런 식으로 쉰다고 생각하라. 처음엔 잘 안 되지만 계속 하다 보면 무의식적으로 쓰게 된다. 평소에 이런 호흡법을 사용하면 자연적으로 분노조절과 혼란스러움이 사

관상으로 찾는 나의 배우자

라진다. 그리고 호흡을 집중함으로써 자신의 성격을 잘 만들 수 있고 좋은 기운을 만들어 낼 수 있는 것이다.

이렇게 장황하게 한마디 이야기를 끝내고 그 여인에게 이런 말을 한다.

"눈 트임 수술이나 그런 거 안 해도 돼요. 내가 적당한 나하고 맞는 남자 만나는 것이 눈 키워서 꼬시는 것보다 더 좋은 일입니다. 충분히 그 매력을 쓸 수 있는데 조금만 힘내요."

그렇게 그녀와의 이야기를 마치고 밖을 내다보니 오늘도 황금빛 논이 조금씩 조금씩 축구장 잔디밭처럼 만들어져 간다. 오늘도 개구리는 논으로 뛰고 메뚜기는 산으로 뛰겠구나.

암사자 같은 그녀의 결혼에 대한 생각🔍

망상 해수욕장 바닷가에 앉아 바다를 바라보며 캠핑카 전용 캠핑장에 자리한 커피숍에서 차를 마시며 사람을 기다린다. 오늘 만날 사람은 한 명의 동행인이 있을 듯한 분위기가 느껴진다. 멀리서 늘씬하고 키가 쭉 뻗어 시원시원한 느낌의 여성 둘이 다가온다.

"안녕하세요, 생각보다 젊으시네요."
"네 그렇죠…."

휜칠한 키에 자전거를 타고 나타난 그녀, 첫인상은 어깨가 넓고, 눈이 튀어나와 약간은 사천왕상의 눈을 가졌다. 광대는 솟아 약간은 밖으로 향하고 목소리는 낮고 말투는 부드럽다. 눈빛이 밖으로 드러난 상, 눈에 열기를 가지고 있다는 뜻이다. 여자가 눈을 싸우듯 치켜뜨고 쳐다보는 것은 무언가 가슴에 화가 단단히 찼다는 말이다. 여성스러우나 목소리가 가슴에서 한 번, 목에서 한 번 막혀 허스키하게 나온다. 짧은 커트 머리에 파마를 하여 찰랑찰랑한 스타일을 유지한 그녀를 보는 순간, 오~ 한 성격은 하지 않아도 건강관리는 잘해야 하고, 연애는 화끈하게 하는 스타일이겠구나라는 생각이 든다. 여기서 몸 관리를 왜 잘해야 하는가, 눈이 앞으로 튀어나온 형들은 당뇨와 혈압에 취약하고 비명횡사하기 좋다. 그리고 약간은 예지력이 있는 경우도 많다. 성질을 맘대로 부리지는 않지만 이런 스타일들은 자존감이 강하고 고집이 세다. 자칫하면 결혼도 여러 번 한다. 드러나는 성격은 어지간히는 남을 배려하지만 아닌 부분에 대해선 가차 없이 할 말을 퍼붓는 스타일이다.

"그래 뭔 일로 나를 보자고 하셨어요? 내가 이런저런 말 하면 기분 나쁠 수 있는데 오늘 좋은 소리 안 나올 것 같은데요?"라며 웃으며 말을 먼저 던진다.

"어머 그래요? 큰일이네."라며 큰 눈을 약간 좌우로 돌리며 눈치를 살핀다.

상대와 만나면 일단은 경계를 하고 다음은 약간 낮춰보며 그다음으로 말을 서서히 트는 형들이 많다. 스포츠에 능하게 생긴 얼굴형에 길쭉하고 시원하게 뻗은 팔다리, 마치 아프리카의 암사자를 보는 듯하다.

"아 이거 큰일이네 좋은 소리 안 나오면 안 되는데…." 하며 옆에 동글동글한 얼굴에 야무진 눈을 가진 동행한 여자가 말을 건넨다.

"그쪽도 만만찮구먼… 둘 다 아주 한 성격 하겠어."라며 내가 먼저 기세를 잡기 위해 말을 던진다.

한바탕 웃음이 오가고 이야기를 시작한다. 처음엔 주위에서 결혼하지 마라 말리고 두 번째는 결혼하고 애가 생겨 애들이 클 때까지 간당간당하다는 그녀, 그녀의 남편은 이 사람 저 사람 만나 놀기를 좋아하며 술자리가 잦아 그녀를 집에 방치하기 일쑤란다. 그리고 어떤 때는 막말을 던져 그녀를 아프게 한다고 한다.

"그래 무슨 말을 그렇게 해요?"
"저년은 바람 펴서 집 나가라는 데도 안 나가."
내가 순간 잘못들은 걸까.
"네? 그런 말을 한다고요?"

심각하다. 아내에게 자식까지 낳은 그녀에게 아무리 강한 스타일이라지만 여자다. 여자가 왜 여자인가. 약하니까 여자다. 남편에게 여자는 엄마가 아니다. 여자일 뿐이다. 그래도 꿋꿋하게 가정을 지키는 그녀, 뚝심의 방향을 제대로 쓴 것이다. 부당한 대우도 한 번 받아주고 다시 좋은 대화와 이해로 상대를 녹일 줄 아는 성격이다. 명함에 남편복을 보고 가장 좋아하며 남편복을 웃는 듯 우는 듯한 목소리로 크게 외친다.

"왜 이것만 눈에 띄는 걸까~"라며 웃으면서 옆의 여성과 남편복을 말한다. 나도 이제는 싱글이 될 판이라며 웃으면서 농담처럼 말하지만 그 안에 진심이 담겨있다.

"혼자 살아 뭐한다요? 그냥 그렇게 가면 되지."

내가 가볍게 웃으며 넌지시 한마디 던지지만 내 가슴에선 이미 눈물 방울이 흐르고 있었다. 그렇다고 다짜고짜 이혼해라는 말을 건넬까. 이런 사람은 잘못하면 또 다른 아픈 상처를 줄 남자를 만난다. 젊어선 남자가 힘이 좋아 말을 던지지만 나이를 먹으면 남자는 힘이 없다. 그렇게 한마디 던지고 나니 나도 한숨이 지그시 내쉬어지고 그녀들도 한동안 정적이 흐른다.

왜 이런 일을 당한 걸까….
잠시 그녀를 살펴본다.

약간은 남성처럼 생긴 여성은 술을 좋아하고 스포츠를 즐기며 옷은 약간은 화끈한 탑이나 트레이닝 복장을 잘한다. 그리고 그런 옷들이 아무렇지도 않게 아주 잘 어울린다. 그야말로 건강미인들이 많다. 하지만 이런 형들은 내면에 갈등이 심화되기가 쉬워 술에 빠지기도 좋은 상이며 장부다운 기질에 여성미가 더해져 스스로 내면의 고통을 만들어 내기도 한다. 음양의 충돌이랄까. 강한 돌격형 성격에 이를 함부로 내비치지 못하는 인내심의 충돌이라 할 수 있다. 이 여성, 눈매를 스스로 바꾸겠다는 생각을 가지면 충분히 호연지기를 내비치는 자세에서 조금은 요염하고 차분한 자세를 가질 수 있다. 그럼, 그런 장부다운 모습은 점점 사라져 가고 드센 기질이 줄어들어 눈빛도 여성스러워지며 공격성이 빠진다. 그렇게 된다면 남편이 약한 여성에게 함부로 폭언과 바깥으로 도는 행동을 멈추고 다시 점점 집으로 돌아설 지도 모를 일이다. 여성의 남성화, 타고난 성격도 있지만 외부환경의 영향이 크다. 스스로의 노력이 필요한 것이다. 이런 강한 눈은 눈썹을 반달눈썹처럼 눈을 가리도록 길게 그리며, 약간은 가늘면서 난을 보듯이 부드러운 포물선을 만들어 주면 효과가 있다. 이 여성의 스타일, 충분히 매력이 넘친다. 다방면에 능해 요리와 스포츠, 활동성이 강하다. 힘도 좋은 편이며 호탕한 성격들이 많다. 여성스러움을 원하는 남자들이 만나기엔 약간 부족한 부분은 있으나 시원한 스타일의 여성상을 원한다면 이런 여성을 만나면 좋다.

이런 여자, 어떤 남자에게 맞을까? 남자가 의지가 약하거나 약간은 둥글어 우유부단한 성격이라면 이런 여성과 성격이 맞다. 다만 성격이 강한 금형이나 마른 형의 목형의 남자들은 이런 여성과의 관계를 피하는 것이 낫다. 주장이 강하고 막무가내로 덤비는 상은 아니나 이런 여성들은 넓은 어깨와 남자다운 모습을 좋아하기에 살이 빠져 약해 보이면 무시당하기 좋다. 그렇다고 너무 강하면 부딪혀 서로 숨이 막혀 살지 못한다. 장부 같은 여성상은 포근하고 강함을 두루 갖춘 남성이 좋다. 포근함과 강함을 두루 갖춘 상은 대게 수형이 많은데 귀염성의 수형보다는 덩치가 있고 턱이 각이 지진 않았지만 둥글면서도 바위처럼 약간은 넓고 튀어나온 상도 괜찮다. 눈은 들어가지 않고 눈썹이 너무 짙지 않지만 약간은 두꺼운 상도 이런 장부다운 여성을 만족하기에 좋다. 이런 여성상은 얼굴이 대부분 약간은 금형에 가깝기에 수형에 덩치가 좋은 스타일을 만나라. 그럼, 어지간해서는 농담조로라도 싱글이 되겠다는 소리는 나오지 않을 것이다.

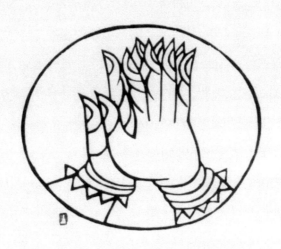

그대가 있어 행복합니다

2장

남편복과 아내복을 가진 사람의 관상

진정 난 남편복이 없는가 🔍

밤 8시 마지막 상담을 마무리할 즈음 카톡이 한 건 온다. 사주상담을 신청한 그녀가 보낸 시간을 체크하고 상담이 마무리되지 않았으니 일단은 내일 저녁으로 미룬다. 저녁까지 상담을 하다 보면 힘이 축 풀린다. 그리고 난 밤 열 시면 잠자리에 들어야 하는 형이라 밤에 약하다. 시간을 기문둔갑으로 따져보니 남녀관계를 묻는 질문일 가능성이 높다. 저녁 6시에 다시 상담을 시작한다. 맘이 심란해 잠이 오질 않는다던 그녀에게 생년, 월, 일, 시와 얼굴 사진, 양손 사진, 귀 사진을 찍어 보내게 하고 상담 전 찬찬히 관찰한다. 이마가 둥글고 넓은 것이 아주 좋고 귀도 외륜과 내륜이 적당히 윤곽을 잡고 귀의 형도 좋다. 머리가 좋을 상이다. 이마가 좋으니 관운도 좋을 것인즉 입과 코를 보니 입은 작은 듯하지만 웃는 입은 옆으로 벌어져 크고 코는 오똑하게 자리 잡으면서 콧대가 높은데 콧등에 살집이 부족한 것이 흠이다. 동글동글한 얼굴에 좋은 이마, 턱은 약간 앞으로 나간듯하나 그럭저럭 봐줄 만하고, 턱의 하악이 발달하였다. 고집으로 누구 아래서 있을 위인은 아니라는 결론이 난다. 남편복을 보니 어미간문의 간격이 좋고 살집이 붙어 남자를 만나면 덕을 볼 상이다. 눈을 살

관상으로 찾는 나의 배우자

핀다. 눈은 약간 동그란 눈에 튀어나온 형이고 눈썹 부위가 약간 튀어나와 있으니 이는 성격이 한 성격 한다는 것이다. 이때 살필 것은 눈매가 어떤 스타일인가도 같이 보아야 한다. 눈이 쏘는 듯하면서도 단정하게 빛이 안으로 들어있으면 길격이나 눈빛이 밖으로 나가 들이대는 듯한 눈빛을 내보이는 것은 길하지 못하다. 이 정도면 남편에게 적어도 물질적으로는 덕을 보고 사랑도 많이 받을 상이다. 다만 광대뼈가 밖을 향하고 자신의 성격이 강하고 자존심이 강해서 심정이 틀어지면 맞붙어 싸울 일이 많고, 고집이 강하여 숙이지 않을 상이니 적당히 귀여움이 눈에 들어 만난 남자는 나중에 성격이 부딪혀 깨질 가능성이 높다.

남편복, 그래 이 정도면 괜찮지…. 다만 스스로가 걷어차는 형이니 그것이 문제로다. 속으로 이런저런 해석을 하고 무엇이 그리도 심란해 밤에 다 카톡을 넣었냐고 물어본다.

"마음이 불안하고 안정이 안 되고 답답하고, 그래요. 제가 한 번 이혼하고 다른 남자를 만나고 있는데요, 헤어지고 싶기도 하고 아직까지 정리가 안 돼요."

"네, 제가 봤을 땐 지금은 남녀가 멀어져 있긴 하지만 당장 깨어질 가능성이 낮습니다."

"20대에 결혼해 이혼하고 아이를 키우며 살고 있는데 남자친구는 아직도 나를 간 보는 것 같고, 제가 맘에 안 들기도 하고 저는 헤어지려고 하는데 그게 한 번에는 안 될 것 같아요."

"네, 그게 그렇게 쉬운 문제가 아니죠."

자꾸 싸우는 일이 많고 싸우고 나면 화해를 빨리 하고 나서 좋게 가면 되는데 그것도 아니고 '이제 내가 너를 안 봐야겠다.'라는 생각이 들어서 걷어 치려고 하면 다시 남자가 자신을 붙잡아 다시 화해하고, 남자는 맘에 근심이 있거나 고민거리가 있으면 그녀를 거부하고 혼자 있고 싶어하는 경우가 많아 상당히 답답하다. 왜 쓸데없이 생각만 하고 자기 애인에게 얘기를 하지 않고 그렇게 고독하게 혼자 끙끙 앓는 건지… 그 모습이 맘에 안 든다. 그리고 아직도 자신을 삼 년 동안 만나면서도 결혼을 하자는 말은 안 나오고 어떻게 하자는 건지 잘 모르겠다는 이야기를 한다. 여우 같은 눈매, 어찌 보면 생각 많은 이 남자도 이 여자의 급한 성격과 고집으로 인해 머뭇거리는 것인지도 모르겠다.

남자의 얼굴을 뜯어본다. 가장 돋보이는 것은 이 남자의 돈복이다. 코가 예술이다. 밋밋한 얼굴형인 것 같으면서도 인당 아래에서 시작된 코 뿌리는 힘차게 뻗어 나오고 양쪽 난대 전위는 잘 발달해 있다. 준두도 살집이 두둑한 게 돈복 있는 코다. 중년의 돈복을 기약할 상이다. 눈은 작고 길게 뻗어 어미 간문을 침범하니 가정궁은 그렇게 좋지 못하고 양관골에 여드름 자국이 많아 피부가 혼잡스러우니 주변 사람들의 행동이 본인에게 도움이 되질 않는다. 코는 좋으나 콧구멍도 같이 넓은 형이니 버는 만큼 많이 쓸 상이다. 코가 높으니 자존심은 강하고 성격이 날카로운 맛이 있는 상, 여성의 얼굴은 금수형이니 나타내고 발설하는 기운이 강하고 눈빛이 밖으로 드러나니 이것은 화기를 머금은 형이니 차분하고 조용한 것을 좋아하는 남성과는 한편으론 맞지 않는다고도 볼 수 있다. 하지만 한편으로는 남자는 얼굴이 크고 사각의 각진 턱을 가졌고 여성은 대체적으로 동그란 형이 많으며 턱은 강하지만 이마와 눈, 다른 부분들이 동그란 수형에 가까우니 부딪히다가도 다시 남자에게 도움을 받을 수 있는 형이라 볼 수 있다. 일단은 당장에 끌어내리려고 하지 마라. 차마 그녀에게 "다른 남자를 만난들 성격을 감당할 남자를 만나는 것이 어디 쉽겠습니까"라고 말할 수 없어 돌려 말했지만 일단은 이 남자와의 관계를 어느 정도 인정하고 나가기를 권했다. 여자는 한 번 실패하고 나면 많은 것을 생각한다. 그리고 쉽게 헤어질 수 있다. 한 번이 어렵지 두 번 세 번은 너무도 쉽더라. 맘은 아프지만 싹둑싹둑 잘라내는 힘이 점점 더 커지고 그로 인해 작은 문제도 습관적으로 잘라 버리고 싶은 욕망이 생기게 된다. 그리고 만남을 쉽게 쉽게 가지게 된다. 만남이야 좋지만 그것은 결국 허무를 낳게 된다. 한 번 고를 때 잘 고르는 것이 더욱 현명한 방법이다.

없는 남편복도 만들어야 될 판 🔍

없는 남편복은 어떻게 만들어야 될까? 나에게 약한 부분을 남자에게서 찾아 그런 사람을 내 남자로 들이면 된다. 내가 이마가 약하면 이마가 좋은 사람을, 내가 코는 높은 반면 코에 살집이 없어 콧대만 높게 솟으면 고독하니 콧대가 적당하고 힘이 있고 살집이 있는 코의 소유자를 만나는 것이다. 입은 어떤가, 내 입이 작고 입술의 윤곽이 흐릿하면 남자의 입술은 옆으로 벌렸을 때 크고 닫았을 때 각궁을 엎은 듯 입 모양이 뚜렷한 상을 만나면 되는 것이다. 대게 만날 사람의 말년운은 어떤가를 묻는다. 말년은 턱을 본다고 하였다. 일단 턱이 앞으로 약간은 튀어나오고 하악이 발달하면 자기 살 집은 가지고 가는 셈이다. 다만 이때 주택은 눈 위의 전택궁을 참고하여 눈썹이 이 전택궁을 누르지 않는지, 눈빛이 흐리지 않은지, 눈초리가 어딘가 겁먹은 상은 아닌지 잘 살펴야 한다. 입꼬리는 아래로 처져 있어선 안 되고, 눈빛이 살아 있어야 한다. 그럼 어느 정도 말년의 복도 기약할 상이니 이런 남자를 고르면 내게 없는 남편복도 만들어지는 셈이다. 그럼 말년에 돈은 잘 벌고 살까, 이번엔 남자 이야기를 하겠다. 이마는 낮아 미끄러지듯 하고 눈썹 부분은 약간 튀어나와 있고 눈썹은 끝 부분이 처져 노승의 눈썹처럼 보인다. 눈은 눈꼬리가 아래로 우는 상처럼 처지고 코는 반듯이 섰으나 입이 입 꼬리가 아래로 처져 눈과 함께 평소에도 울고 다니는 상이다. 다만 턱이 좋아 자신이 기거할 주택은 건진 듯하나, 눈썹이 눈을 누르는 상이니 문서가 망가지기 쉽고 담기는 것이 적다. 이 남자는 오랫동안 한 기업에 몸을 담아 연금과 주택은 쥐고 있지만 자식에게 사업자금으로 아파트를 두 채나 팔아 지원해 줬다가 모두 말아 먹어 이제는 그저 나오는 연금에 용역 현장에 다니면서 용돈 벌이하는 신세로 전락하고 말았다.

둥그런 얼굴엔 복이 깃든다🔍

아는 이의 소개로 문을 열고 들어간 곳에 동그란 공을 연상시키는 그녀가 앉아있다. 나이에 비해 어려 보이는 동안의 외모, 눈도 동그랗고 입은 작은 편에 코는 크지 않지만 야무지게 생긴 형이다. 몸도 동글고 목이 짧다. 목이 짧으니 고집이 강하고 잘 움직이지 않는다. 사랑을 해도 맘에 안 들면 고집 빼기를 부려 남자의 힘을 뺄 수 있다. 이마는 둥글고 적당히 넓으며 어미간문도 넓다. 광대뼈도 적당하니 주변에 사람도 많고 도움받을 존재들도 많다. 이런 형은 딱 장사 스타일이다. 이렇게 따지자면 남편복이 있는 상이 아닌가. 하지만 얼굴에서 풍기는 기운은 뭔지 모를 가정적 불안을 예고하고 있었다. 눈매가 힘이 있고 목소리가 걸걸하다. 화가 들어차 있는 목소리다. 화가 찬 걸걸한 목소리 그야말로 본인의 기세를 작지만 강하게 야무진 기세를 드러내어 상대에게 어필할 수 있는 상이다. 그야말로 장사판에서 한 목소리 울릴 상이란 말이다. 처녀일 거라 생각한 그녀의 손을 보고 손날의 주름을 살피며 말을 던진다.

관상으로 찾는 나의 배우자

"결혼했나요? 아직 안 했다면 배우자 운이 강하게 들어 왔네. 아님 결혼해서 남편분이 있나요?"

"있었는데 헤어졌어요."

"돌싱?" 난 놀란 눈으로 그녀를 바라보며 뜯어본다.

잠시 숨을 들이쉬고 내쉰 후,

"그렇다면 이제는 남편이라는 자리에는 설 남자가 희박합니다. 그저 남자친구 정도의 기운일 뿐이죠."

"돈이 새요, 돈을 잘 모았었는데 요즘은 앉아서 일도 안 하고 몇천을 까먹었어요."

"그래요? 그럼 일을 하면 되지 왜 안 하시나, 올해는 문서운도 있는데."

얼굴에서 감도는 빛은 밝고 따뜻한 기가 나온다. 아직도 돈이 나가도 사람의 기운이 계속 들고 돈의 기운이 붙어 있다는 말이다. 이런 상태에서는 일이 잘 안 풀리는 듯해도 귀인의 도움을 받고 난관에 봉착해도 무난히 막힌 듯하다가도 풀린다.

"남자친구와의 관계는 어떨까요?"

올해는 갑오년, 수형의 얼굴에 화의 기운은 재성을 건드려 남자의 기운을 불러온다.

"올해 남자를 만나셨나요?"
"예."
"음 남자를 잘 관리하려면요. 일단 목소릴 바꿔야 돼요. 안 그럼 또 남자가 바뀌어요. 이유는 본인의 기운이 중성처럼 되어있기 때문이에요."

스스로 철저하게 여성화를 노력해야지 세상풍파에 싸우느라 전투태세의 형세를 갖추면 여자가 어느새 남자의 기운이 살짝 섞여 중성처럼 보인다. 여성이지만 과감한 행동과 거리낌없는 말투, 언담, 이것은 양의 기질이 갖는 성질이다. 밝은 말투와 행동은 좋지만 억척스런 모습을 보이기 시작하면 남자는 할 일이 없어 손을 놓아야 한다.

"지금 이렇게 약간은 억척스런 형세를 하시면 차라리 약간은 우유부단하고 약한 남자를 만나서 본인께서 남자를 뒤에서 밀고 당기며 챙기고 가면서 사시는 게 낫죠. 남자의 형은 목상, 마른 형에 얼굴도 마르고 약간은 긴 상의 남자를 만나서 직장을 다니면 직장을 잘 다니게 밀어주고 약간은 약해 보이는 남자에게 뒤에서 앞에서 올인하며 가는 거죠, 어때요?"

"싫어요. 난 그런 거 싫어요 남자가 해줘야지 내가 왜 해요."

"음… 그럼. 본인의 목소리, 콧소리로 바꾸세요."

웃으며 뒹굴며 그녀는 말한다.

"나 그런 거 못 해요. 어떻게 해요."

걸걸한 목소리로 뒹굴거리며 웃는 그녀의 심정엔 절대 못한다는 의지가 담겨있다.

큰일일세.

"그렇게 하고 스스로를 약하게 보이도록 하세요. 항아리도 번쩍 들게 체형을 키우지 말고 절제된 자세, 복장, 언행을 쓰세요. 막 나오는 대로 목소리 거칠게 내고 츄리닝 입고 뒹굴 거리지 말고. 그거 행동 하나가 그렇게 되면 남자 열이 정 떨어져 나가요. 남자가 어디 츄리닝 입고 뒹굴거려서 여성 씨름 선수처럼 보이면 좋아하겠습니까? 몸매와 살찐 게 문제가 아니고요, 행동의 문제에요 퍼진 모습, 보이지 마세요. 그 순간부터 열 남자씩 없어져서 남편복이고 나발이고 없어지는 거니까."

한참 열변을 토하니 껄렁껄렁하던 자세가 군인처럼, 마치 대 감집 규수처럼 단정하게 양손을 공수하고 앉았다.

"옳지, 그거요 그거. 봐봐요. 얼마나 보기 좋나, 물건 정리하 듯이 자세를 정리하세요. 남편에게 맘 가는 대로 행동하고 말 이 나오는 대로 내뱉으면 습관 돼요. 그런 순간 점점 더 정 떨 어지는 거에요. 떨어지면 다른 남자 만나면 된답니까? 다른 사람 만나도 마찬가지요, 처음에야 매력으로 끌지만 한방에 서 뒹굴기 시작하는데 그러면 똑같아지는 거에요. 백이면 백, 천이면 천 이해는 할 수 있지만 실수가 나오고 좋지 못해요."

"네. 그러면 제 남편복과 돈복이 좋아질까요?"

"네, 자연히 좋아지지요. 타고난 상에 행동이 정리가 된다면 이야말로 다이아를 세공하는 것과 다를 것이 무엇이겠습니까?"

여자는 잠시 멈춘 채 물어볼까 말까를 고민하는 자세를 하 더니 이내 고개를 내 쪽으로 돌려 질문을 던진다.

"장사를 하려고 하는데 가게를 팔려는 사람이 잘 협조적이 지가 않네요."

"그 사람이 어떻게 했는데요?"

"네 어제까진 저에게 가게를 팔겠다고 철석같이 약속을 하더니 오늘 와서는 다시 자신이 가게를 해야겠다고 한 말을 취소하는 거에요."

"그래요? 어디 한 번 볼까?"

여자의 얼굴을 살핀다. 여기서 가장 중요한 눈썹의 상태와 전택궁의 색을 살핀다. 전택궁과 눈썹의 빛이 명윤하게 나면 이는 소식이 길하다는 증거다.

"음… 지금은 그냥 놀고 계세요?"

"네. 전엔 돈 좀 벌었는데 놀면서 벌어 놓은 거 몇천씩 까먹고 있어요."

"그럼, 다시 가서 잘 얘기해 봐요. 이왕 나온 얘기 문서가 길한 쪽으로 얼굴에 빛이 도니 아마 성사가 될 겁니다."

다음날 여자가 나를 이야기하던 가게로 불렀다. 난 가게를 한 번 봐달라고 하거나 집주인을 설득하는 데 도와달라는 뜻인가 하는 생각으로 발걸음을 옮겼다. 가게에 발을 들여놓고 가게 주위를 한 번 휘 살핀다. 그래도 관상가이니 가게 기운이라도 한 번은 보는 척이라도 해야 하지 않겠는가 하는 생각에 가게의 정리해야 할 것들에 대해 몇 가지 정리를 한다. 안내받은 방으로 들어가 앉으니 이런저런 음식들이 차려져 나오는데, 이것이 무슨 일인가 싶더라.

"이게 뭐요? 나 돈 없는데… 떠돌이 돈 있는 거 봤수…? 나 같은 건 등칠 게 없어요."라며 약간 놀란 기색으로 여자에게 말을 하니 여자가 웃으며 선생님 말대로 가게를 다시 한 번 얘기하니 이번엔 신기하게도 가게를 넘겨받는 걸로 성사되어 이렇게 갑작스럽게 초대를 했다는 것이다. 속전속결로 가게에 대한 계약서까지 썼다며 좋아하는 모습이 초등학생이 갖고 싶은 큰 장난감 세트를 받아든 표정이다.

"그거 잘됐네. 근데 가게에 몇 군데 정리는 잘해야겠네요. 현관 옆에 신발장 두고, 정문에 바로 보이는 큰 거울은 옆으로 돌려 놓든지 해야겠어요. 저렇게 큰 거울이 가게 정문 들어오자마자 보이는 건 아니지."라며 밥값 하는 소리를 던진다.

이렇게 다시 놀다가 가게를 차리니 기분이 좋다는 그녀의 말을 듣고 난 한동안 침묵을 지킨다.

많은 이들이 개인 사업자라는 이름으로 요식업에 뛰어든다. 의지를 가지고 시작한 장사가 맘대로 안 돌아가기 시작하면 처음엔 정부가 보증하는 보증을 받아 빚을 지고 나중엔 3년을 버텨야 하니 남의 돈까지 쓴다. 그러다 1, 2년 안에 망해 넘어가고 빚더미에 멀쩡한 사람이 신용불량자로 전락한다. 사람은 운기가 있다. 항상 장사를 하기 전엔 이 운기와 자신의 팔자 구조를 따져보고 사업을 계획해야 맞다. 그냥 열정으로 부딪히는 용기는 옛말이다. 이젠 한 번 잘못 넘어지면 일어서질 못한다. 특히나 젊은 사람이 아닌 은퇴자들처럼 자산의 안정을 취해야 하는 사람들은 무조건 한 번은 기문둔갑을 활용한 판단하에 장사를 시작하는 것이 좋다. 그냥 열정이나 프렌차이즈만 믿고 덤비지 마라. 인생길이 나락으로 떨어지는 지름길일 수도 있다.

여기서 사람의 문서, 계약을 맺는 일은 관상에서 어디를 살피는 것이 좋을까?

팔자에서 문서의 기운을 인수로 본다. 하지만 당장 팔자를 알지 못하는 상황에서 문서의 성패를 가려내려면 어떻게 해야 할까. 수형의 문서는 가을의 기운에 많이 이루어진다. 모두 그런 것은 아니나 보편적이다. 가을에 문서의 기운이 있으니 살피고 찬찬히 준비해 보라. 문서의 운은 기색을 살필 때 눈썹을 본다. 눈썹에서 눈썹 꼬리의 기색을 살피는데 눈썹 끝이 밝고, 명윤하면 소식이 온다.

더 설명하자면 부모가 자식의 소식을 물을 때는 눈썹 끝이 붉은 것이 좋고, 남편이 아내의 소식을 물을 때는 눈썹 끝이 백황한 것이 좋으며, 부인이 남편의 소식을 물을 때는 눈썹 끝이 흰 것이 좋다. 눈썹의 색은 홍황색이 좋고 푸르고 어두운 색은 재앙만 따른다. 각 계절을 통틀어 양 눈썹 끝에 적색, 자색이 나타나면 반드시 기쁜 일이 온다. 고맙다며 자장면을 시켜서 대접하는 그녀, 그새 옷도 갈아입고 나왔다. 걸걸한 목소리가 정답기도 하나 남자의 욕정을 끌기엔 역부족이다. 음기를 키우는 길이 살 길이리라.

진정 행복한 여자는 눈에 문신을 하지 않는다🔍

친구의 부탁으로 자신의 결혼할 여성의 얼굴을 봐달라는 의뢰를 받았다. 이미 결혼할 건데 궁합은 그렇고… 일단 얼굴이나 보지 뭐라며 가볍게 발걸음을 옮겨 약속 장소로 향한다. 먼저 자리를 잡고 있자 잠시 뒤 그녀가 온다.

"아이구, 안녕하세요, 정말 미인이시네요. 하하."
"네 그래요?" 하며 살짝 웃어 보이는 그녀, 눈매가 사납다.

친구의 얼굴은 남자치곤 약간 팔자 눈에 이마가 둥그러니 좋은데, 그녀는 이마가 낮다. 적당히 솟은 듯하다 중간부위가 약간은 아래로 꺼져 굴곡이 지고 눈썹 모양이 일자형으로 아래에서 위를 향해 꼬리가 솟은 칼 눈썹을 그렸다. 자신의 기를 드세게 만드는 형세다. 눈은 그럭저럭 순해 보이나 은근히 눈에 힘을 주고 렌즈를 착용해 액간은 파란 눈빛을 드러낸다.

"관상을 보신다면서요?"

"네, 제가 그럭저럭 보고 다니죠."

"제 관상은 어때요?"라며 얼굴을 들이민다.

그냥 가만있어도 보이는 얼굴, 굳이 들이대니 내가 부담스럽다. 눈살을 가끔 찌푸리는 표정을 짓기도 하고, 눈이 커 보이려는 의도보단 눈썹 머리를 중간으로 모아 약간 노려보는 듯한 인상을 짓는다. 말하는 내내 그런 표정이다. 지금도 그런 표정이 드러난다. 얼굴은 전체적으로 예쁜 상이나 눈이 아래에서 위로 치켜뜨듯이 하고, 눈을 일부러 찌푸리뜨려 눈썹 머리를 모아 미간을 찡그리니 영 보기 싫다.

"어디 아프세요? 아픈 게 아니면 정신적으로 무슨 스트레스가 쌓인 게 많나 봐요? 왜 예쁜 얼굴을 그렇게 하신데? 렌즈도 예쁘자고 그런 색의 렌즈를 끼신 거잖아요? 액세서리를 했으면 그에 맞는 표정을 지어야죠."라며 살짝 웃으며 은근히 지적을 시작한다. 말이 끝나자 아 이거 잘못 걸렸구나 싶었는지 표정을 바르게 펴는 모습이 귀엽다.

"그래요, 그렇게 일단 예쁘고 단아한 표정을 지으셔야지. 예쁘면 뭐해요, 인상 쓰면 화장해도 소용없어요. 어디 다른 남자가 유혹할까 봐 그러는 것 같진 않은데. 눈썹은 원래 약간 원형을 그리는데 일부러 굵게 문신을 새겨서 일자형으로 만드셨네. 이거 곤란한데…."

"왜요?"라며 그녀는 놀란 표정으로 묻는다.

"사람 눈썹 끝이 칼같이 날카로우면 검난의 화가 있다고 했어요. 어디 가서 전쟁 벌일 일 있습니까? 왜 인상을 강하게 만드시려고 하시나 좋은 눈썹은 안에 숨겨 두고. 문신 지우시고 있는 눈썹 그래도 활용해서 살짝 그려서 다시 포물선으로 만드세요. 충분히 예쁜 얼굴 괜히 버리네. 내가 봤을 적엔 어디가 아프던지 심리적으로 압박이 가해지는 것 같은데. 맘을 푸세요. 뭐 땜에 그래요?"

순간 당황하더니 고개를 좌우로 한 번씩 살살 흔들고 눈치를 살핀다. 옆에 친구도 당황한 표정으로 속내를 말하기가 어려운지 입을 굳게 다물고 기다린다.

"네, 그냥 속에서 어떨 땐 불이 나는 거 같아요. 내가 누군가를 이겨야 할 거 같고, 괜시리 몸이 아프고, 우울하고, 열심히 사는데 돈은 안 모이고…."

"그렇죠. 돈이 안 모이죠. 두 분 다 입이 작고 코가 그렇게 돈복이 든 코가 아닙니다. 그리고 이제 30대 초반인데 이마를 봐선 둘 다 어디 직장 다닐 팔자지, 장사 팔자는 아닌데 가게 차려놓고 있으니 돈이 되나. 기술이 좋아도 운이 안 맞으면 그것도 참 힘들어요. 손을 보아하니 손가락에 살집이 없고 틈이 벌어져 돈 모으기도 벅차네요. 일단 어려울 땐 발버둥 치지 말고 가만히 움직이지 말고 인내하세요. 인상 쓴다고 되는 것도 아니고 이런저런 일을 막 벌이거나 찾아다니면서 해 보려 해도 쉽지 않습니다. 일단 친구는 이마가 좋고 눈이 약간은 팔자 형으로 늘어진 눈이니 사람 만나서 하는 영업도 괜찮고, 제수씨는 눈매가 강하고 얼굴형이 사각지니 고집 땜에 당장은 직장 다닐 처지는 아니고, 있는 기술 그대로 유지해서 해 보세요. 맘을 가라앉히고 얼굴만 펴도 사람이 들끓을 겁니다. 이렇게 예쁜데 누가 안 오고 싶겠어요? 그리고 지금 아이라인, 그거 약간만 밝은 계통으로 하시고, 언더라인은 하지 마세요. 다행히 여기 문신은 안 했네, 그거 함부로 하는 거 아닙니다. 목소리, 걸걸하게 내려고 하지 마세요. 조신함이 느껴져야지. 싸우러 온 것도 아니고."

말을 마치자 그녀의 표정은 알아들었다는 듯이 부드러워졌다. 한층 아름다워 보인다. 이번 친구의 결혼식에선 강한 인상의 여인이 아닌 수줍은 듯한 신부를 볼 수 있을 거라 믿는다. 와잠궁은 눈 바로 아랫부분에 위치한 살 부분이다. 요즘은 아이라인을 많이 해서 예쁘게 보이곤 하는데 아이라인을 할 때 주의할 점이 있다. 울고 난 듯한 어두운 색의 아이라인을 함부로 칠하거나 아예 영구 시술을 하는 것은 본인이 사랑에 실패해 외롭고 아픈 여자라는 것을 아예 눈에 새겨두고 사는 것과 같다. 또한 와잠궁의 바로 연결되는 눈 아랫부분 언더라인에 바늘로 찔러 시술을 함으로써 가정의 결말을 나타내게 되고 앞으로 시작할 사람과의 행복한 로맨스도 언제 어떻게 될지 모르는 아주 무서운 글을 눈에 새긴다는 것은 알아야 한다. 화장을 하는 것은 막지 않지만 어느 정도의 색상을 선정하고 영구적인 시술을 함으로 인한 울고 나서 화장이 번진듯한 눈을 해서 다니진 말라는 것이다. 그것이 고달픈 인생에 기댈 사랑마저 모두 앗아가 버려 나를 더욱더 딱딱하게 만들어 버릴 지도 모를 일이다. 아이라인의 색상은 될 수 있는 한 밝은 계통의 색을 하는 것이 좋다. 라인이 우선인가 눈을 살리는 쪽이 우선인가를 먼저 생각해 보고 해야 한다는 것이다. 색상이 당장엔 예뻐 보일지 모르지만 많은 중년 여성들의 언더라인 문신은 그렇게 예쁘게만 보이진 않는다.

서예가 시관 김재구

3장

폭력성의 관상 이야기

폭력행위를 많이 하는 관상 🔍

　필자는 어릴 적 가정폭력의 피해자이기도 하다. 그래서 매 맞는 아내들의 심정을 잘 안다. 또한 그 자식들에게 가해지는 피할 수도 없는 불가항력적 고통을 나는 누구보다도 잘 안다. 그래서 두들겨 맞다가 애들을 두고 집을 나가는 여성들의 마음을 잘 안다. 가슴 깊숙이 사무친 그 원한과 고통이 너무 커 어쩔 도리 없이 새끼들 두고 멀리 날아가는 어미새의 심정을 내 어찌 모를까…. 나도 자식이 둘이다. 엄마가 있었고, 두들겨 맞는 모습은 지금도 내 머릿속에 생생하다. 누가 이 기억 좀 지워 줬으면 하는 바람이 들 정도다. 그만큼 폭력은 무서운 것이다. 그래서 난 이 부분에 공을 들였다. 적어도 내 후대에, 나와 인연 닿는 여성들에게 이런 피할 수 없는 고통이 전해지지 않기를 바라면서, 전생에 의한 죄업으로 쌓인 고통일진 몰라도 너무도 가혹한 이 현실에 인간이라는 탈을 쓰고 여성을 허수아비 방망이질하듯 대하는 남자들을 간파해 비켜 가는데 이 글이 일조하기를 바란다. 아내 폭행에 대한 관상학적 접근으로 상대의 공격성을 미리 파악하여 엮이는 일이 없기를 바란다.

- 눈썹이 두껍고 사각턱에 수염이 강하며 짙고 코가 약간 들린 듯하면서 두꺼운 상, 눈이 찢어지면 인정이 없고 독하다.

- 눈썹이 눈을 누르는 듯하고 거의 일자 눈썹 형이며 눈썹뼈가 강하게 튀어나온 상들은 공격성이 강하다.

- 눈이 가늘고 길며 눈동자가 핏줄이 많이 선 사람은 호전적이다.

- 얼굴이 약간 꺾인 듯이 불균형하고 턱이 앞으로 많이 빠져 나온 자는 심성이 불량하다.

- 얼굴이 넓고 눈썹이 진하며 빼곡하고 입은 심술 난 듯 양 아래로 입꼬리가 내려간 자는 폭력성이 높다.

- 눈을 옆으로 떠 바라보는 상은 심정이 삐뚤다.

- 입이 약간 튀어나오고 입술이 얇은데, 술을 자주 마시는 자는 충동성으로 인한 폭력을 휘두르며 가슴에 꽂히는 말을 잘한다.

- 눈두덩이가 강하게 나오고 눈썹이 빼곡하면서 눈은 쏘듯이 보는 상은 공격성이 강하다.

- 평상시 상대를 볼 때 눈을 아래에서 위로 치켜 떠 보는 상은 공격성이 강하다.

- 평상시 인상을 쓰듯이 미간을 찌푸리는 자. 마음의 원망

심이 많다.

- 이마가 좋더라도 눈을 잘 살펴야 한다. 눈은 마음의 창이기에 상대의 마음 씀을 알 수 있다.

- 폭력을 휘두르거나 충동적으로 행하는 관상이 있으니 흰 자위가 많이 드러나는 삼백, 사백안이다.

- 고개는 아래로 향하는데 눈동자를 위로 들어 쳐다보는 형이나, 옆으로 쳐다보는 형은 폭력을 휘두르기 좋다.

- 눈동자가 노란 형도 마찬가지다.

- 입술이 얇은 형 중에 폭력형이 많다.

- 대화를 하다 보면 자신의 잘난 부분을 주로 이야기 하고 추상적으로 말하는 사람은 내면에 공격성이 있다. 진취적인 부분과는 다르게 약간 자랑하듯 말한다.

- 말의 억양이 나지막한 사람, 목소리가 약간 얇은 듯 고운 사람이 공격성이 강하다.

- 콧대가 높은 사람은 자존심이 강해 공격하기 쉽다.

- 콧대가 둥글둥글하고 살집이 있는 사람은 공격성이 낮은 편이다.

- 체형이 마른 스타일에 사각형의 턱을 가진 자는 공격성이 강하다.

- 눈이 계단 형처럼 높낮이가 다르거나 눈의 모양새가 양

쪽으로 나뉘는 듯한 눈은 술을 좋아하고 충동적 공격성
이 있다.

- 눈빛이 은은한 듯 냉한 기운이 나는 상은 다른 곳은 멀
  쩡해도 공격성이 있다.
- 머리가 약간 크며 귀가 윗부분이 뾰족하고, 눈이 삼각형
  을 그리는 상은 공격성이 뛰어나다.

남편에게 맞는 아내, 그 수가 상당히 많은 것으로 알고 있
다. 남자가 성질이 났는데 더 이상 자기 성질을 이기지 못하
면 물건을 부수다가 말을 계속해서 던지는 아내에게 손이 올
라가기 시작한다. 가만있다 다짜고짜 따귀를 올리는 법은 없
다. 대화 중에 아니면 행동에 대한 말이 오가다가 순간 화가
나기 시작하면서 손이 올라가거나 의견의 불일치, 충돌, 돈 얘
기, 행동이 맘에 안 들어서, 술을 먹은 후에 있는 대로 트집을
잡아 슬슬 시비를 걸다가 절정에 오르면 남자는 여자에게 주
먹이 올라간다. 그 외에 의처증, 자괴감 등으로 상대에게 폭력
을 가하는 경우가 있다. 남자와 남자가 싸우는 일은 요즘 세
상에 많지 않다. 맘에 안 들면 안 보면 그만이기 때문이다. 부
부 사이는 한 공간에 마주하고 계속 보다 보니 이 존재가 나
를 화나게 하면 여자인지 남자인지 분간은 안 되고 순간적으

로 나를 화나게 만들어 내가 꺾어 버려야 할 대상으로 보이게 되는데 이때 분노가 발동한 상태에서 마음의 경계선을 넘으면 무차별적인 폭력이 가해지는 것이다. 안타까운 노릇이다. 마누라는 마누란데, 여자로 보이기는 하는데 맘에서 순간적으로 때리면 안 되는 존재가 아닌 때려 패야 하는 존재로 변형되는 것이다. 남자도 맘에 안 드는 부분을 말하고 여자도 맘에 안 드는 부분을 말한다. 하지만 그 순간에 의견 충돌이 나면 어느 쪽에선가 먼저 화난 투의 말이 나오기 시작하고 그러다 보면 점점 더 감정이 격해진다. 남자와 여자의 우위를 놓고 볼 수는 없지만 육체적으로는 남자가 특별한 경우를 제외하고는 여자보다 강하다. 폭력은 자신이 성격이 강하거나 다혈질이라고 이야기하는 사람들이 벌이는 경우가 많으며 눈썹이 강한 스타일과 턱이 각진 상, 눈의 눈초리가 노려보는 상, 위로 치켜 보는 상, 옆으로 보는 상에 많다. 이런 상의 남자와 부부, 애인 사이라면 의견충돌을 어지간하면 일으키지 않는 것이 바람직하고, 화가 나더라도 일단은 그 자리를 핑계를 대서라도 빠져 나오는 것이 낫다. 나도 성질이 있는데 어떻게 말을 끊고 나오는가. "할 말은 다하는 시대 아니냐"라는 말을 하는 사람이 있다면 방법은 없다. 그렇다고 폭력이 나올 때까지 상대를 달아오르게 만들 필요는 없다는 말이다.

남성의 폭력성은 한 번이 어렵지 일단 나오기 시작하면 그 정도가 가면 갈수록 심해진다. 처음에는 따귀를 때리지만 나중에는 발로 차고 주먹으로 배를 때리고 나간다고 하면 화를 못 이기고 칼을 꺼내드는 상황까지 만들어진다. 성질이 나니 화를 내는 것이지만 나중에는 분노가 분노를 만들어 상대를 공격하고 난 후에는 내가 처음에 무엇 때문에 화가 났는지 알지 못하는 경우도 많고 후회하는 경우도 많다. 중요한 것은 후회를 해도 한 번 한 행동은 이성적 고삐가 풀리면 더 심해지면 심해지지 덜해지는 법은 드물다는 것이다. 인간의 공격성, 이것이 사랑하는 사람을 공격해야 하는 대상으로 바라보게 만드는 안타까운 현실이다. 우리는 이 현상을 냉정하게 바라보아야 하는 것이다. 너무 딱딱하게 말하지만 현실적으로 접근하는 것이다. 일단은 대화를 화내지 않는 방향으로 가야 하고 상대의 의사를 이해한다는 쪽으로 접근해야 한다. 아네, 그렇구나, 그렇지. 화가 나더라도 일단은 상대가 하는 말에 얼토당토않은 말이지만 "그렇지", "그렇지요", "네"와 같이 반응해야지 예를 들어 "니가 이렇게 하니까 내가 그러는 거 아냐!", "여보가 이런 말을 하니까 내가 그러잖아!"

이렇게 하면 싸움이 커진다.

예)

　　"너가 이렇게 하니까 그런 거 아니야!"

　　"네 그렇죠."

　　이렇게 나가면 상대의 분노는 순간적으로 갈 길을 잃어버린다. 자연스럽게 분노의 힘이 그냥 흘러가게 만들어 나에게 직격탄으로 날아오는 것을 흘려버리는 것이다. 따지고 들거나 있는 대로 옳은 소리를 해도 일단 상대가 화가 난 상태에서는 그 어떤 말도 정의감과 옳은 기운이 서질 못한다. 거기에 목소리 톤까지 높으면 더욱 그렇게 되는 것이다. 싸움의 기술과 상대를 내 맘대로 조절하는 데는 전략이 필요하다. 상대의 뜻과 행동을 이해하는 것이 아니라 그대로 인정하고 받아들이는 것이며 그와 동시에 내 뜻을 은근슬쩍 얹어 궤도를 수정시키는 것이다. 적어도 이렇게 불같은 성격을 넘어 병적으로 공격성을 드러내는 남성을 사랑하여 부딪히면서라도 살고 싶다면 말이다.

불쌍한 우리 엄마 관상기 🔍

꺼진 이마는 초년을 따져보고, 양 귀는 14세까지의 운을 본다. 이 여인, 귀는 좋은데 이마는 머리털 나는 맨 윗자리 빼곤 아무 이마가 없다 못해 들어앉은 상이다. 눈썹은 일자형에 약간 위로 뻗친 상이며 눈썹 털도 그리 많진 않아 항상 문신으로 일자형으로 하늘을 올려다 보듯이 눈썹 꼬리가 하늘을 향한다. 눈은 약간은 소눈 같기도 하고 큰 눈인데 슬픔을 머금은 듯한 빛이 나온다. 콧대는 높아 고고한데 살집은 없어 높기만 하고 콧구멍이 너무 넓다. 얼굴형은 금형의 얼굴에 살집이 없어 목형으로 보이는 형이나 하악이 발달하고 얼굴 전체의 느낌은 넓은 사각이다. 고집의 근본을 보여주는 상이다. 어릴 적엔 집이 잘 살았으나 부모님의 보증으로 집이 날아갈 뻔한 것을 마을 사람들의 도움으로 집을 날리지 않고 대신 빚을 갚느라 몇 년을 밀가루로 국수만 해서 먹었다는 그녀, 성격이 강하고 자존심이 강하면서 당돌하기까지 하다. 이런 여성은 공부를 열심히 해서 직장에 들어가 사는 것이 현명한 판단이며 결혼은 아예 안 하거나 늦게 늦게 하는 것이 낫다. 이 여성, 젊을 적에 친구들이 점집에 가는 길에 같이 따라갔다가 뒤에 가만있는 그녀를 보고 무당의 말을 듣는다.

"어이구 시집 세 번 가겠네. 세 번 간다, 세 번 가."
"예? 난 돈도 안 냈는데 왜 그런 소릴 해요? 아가씨한테 그게 무슨 말이에요?"
"두고 봐 아가씨 시집 세 번 가야 해. 안 가면 내가 장을 지져."
"허 참 어이가 없어."

그렇게 나온 점집을 뒤로하고 그녀는 다시 뒤를 돌아
"정말 어이없는 인간이네, 미친 새끼."라며 인생길 청춘의 발걸음을 뗀다.

그녀, 어쩌면 높은 콧대에 남의 말이 들리지 않은 것이 참으로 큰 실수가 아니었을까. 속초에 사는 그녀는 양양과 물치, 대포항을 오가며 미니스커트에 뾰족구두를 신고 활보하길 좋아하는 전형적인 멋쟁이 아가씨였다. 한창 청춘이니 얼마나 멋이 들었겠으며 주변 남자들이 콧대 아래로 보였겠는가 그렇게 뻔드러지게 이리저리 청춘의 행보를 거듭하던 때, 20살 갓 넘은 21세 나이에 홍천에 사는 친구의 소개로 28살, 7살 터울의 홍천에서 군 생활을 하는 어떤 남자를 만난다. 인물은 좋

고 그냥 전형적인 금형의 얼굴에 키는 그리 크지 않은데, 머리
는 좋은 남자였다. 다만 이 남자 인정 있는 눈매는 아니다. 어
찌 보면 차가운 빛이 도는 눈의 소유자다. 나이 차가 7살이니
남자는 여자가 얼마나 예뻐 보였을까, 그녀는 잘해주는 그 남
자의 애정에 빠져 몸과 맘을 내주고 부모와 언니들의 강한 만
류를 뿌리치고 그렇게 그 남자를 따라 고향 속초를 떠난다.
그때는 그저 그것이 사랑이라 믿었으리라. 청춘의 뜨거운 사
랑, 그저 한 남자 믿고 고향땅 밟아 떠나는 길에 부모·형제도
그녀를 잡지 못하고 그 어떤 점쟁이의 가면 안 된다는 만류도
들리지 않았다. 누구나 중매를 잘 받아야 하는 것인데, 그녀
는 자신의 나잇대에 남자를 만나면, 아니 만나더라도 그렇게
시집을 가선 안 된다는 것을 전혀 몰랐다. 어리석다, 어리석어
젊은 날의 눈먼 사랑이여. 중매, 한 사람의 인생을 좌우하는
큰 행위인 것을 젊은 사람이 그저 소개를 했으니 그것이 어찌
될꼬. 무당의 말도 그저 헛귀로 들은 것이다. 그렇게 속절없
이 떠나 남자를 따라 내려간 곳은 동해, 옛날엔 집에 식구가
작은 방에서 우글우글 몰려 살았던 시절이다. 그 틈바구니에
서, 그래도 그럭저럭 넓은 마당이 있던 집을 떠나 왔으니 그야
말로 기막힌 노릇, 결혼식도 안 하고 그렇게 그녀는 맨몸으로
시집을 온 것이다. 그녀는 그 집안에서 온갖 일을 처리하는

술사로 통했고 그녀는 21살 되던 해에 딸을 낳는다. 그렇게 열심히 살면 되는 인생길인 줄 알았는데, 그녀는 딸을 낳고서야 친정집에 발길을 들였다. 말 안 듣고 나가서 혼자 딸을 낳아 돌아온 딸을 보는 부모의 심정이 어떨지 나는 모르겠다. 그야말로 "하늘도 무심하시지."라는 말이 나오지 않았을까 싶다. 그렇게 딸을 보내 잘살기라도 하면 좋으련만 남자는 이렇게 어린 신부를 들이고도 정신을 차리지 못하고 아내와 딸이 친정으로 간 날이면 다른 여자를 집으로 들여 첩 생활을 영위한 것이다.

어이가 없는 노릇이다. 그렇게 어린 마누라에 딸까지 있으면 열심히 살 생각은 안 하고 첩이라니, 그것도 아내에게 들키기까지 하니 이건 그야말로 오방난장이 아닌가. 옛날엔 전화가 없으니 아내가 언제 올지 몰라 그저 다른 여자를 집에 들였다가 언제 빼야 하는지를 제대로 몰랐던 모양이다. 그렇게 속을 썩였을 그 여인은 얼마나 지금 이 순간 그 선택이 후회스러웠을지, 자신의 선택이 고통스러운 결과를 낳았는지 난 그 고통을 이루 말 할 수 없을 지경이다. 어린 시절의 시련, 이마의 안 좋은 행로가 이런 식으로 진행된 것이다. 남자는 화약고에서 근무를 하기도 했는데 자신이 바람을 피우는 것으로도 모자라 아내에게 폭약을 가져와 협박을 일삼기도 한

관상으로 찾는 나의 배우자

다. 어느 놈이랑 바람 피웠냐, 사실대로 말해라. 그러면서 가혹한 폭행이 이어진다. 사람이 머리가 좋은데 자신은 알고 남은 모른다고 생각하면 큰 병이다. 머리가 좋아도 미치길 제대로 미치지 못하면 그것도 하늘의 벌인가. 엉뚱하게 가정에 미친 이 머리 좋은 남자는 일로 미쳤어야 할 기운을 잘못 돌린 듯하다. 남자는 이런저런 일을 하면서도 그렇게 아내를 못살게 괴롭히고 바람을 일삼았다. 그래도 그녀는 정상적인 집안에서 자란 처자라 그런 고통도 감수하고 산 것이다. 어느 날은 바람을 어느 놈과 피웠냐고 두들겨 패다 넘어지니 발로 배를 걷어찼다. 발에 걷어차인 배에서 장파열이 일어나 내출혈이 발생했는데 그 남자는 죽든 말든 두고 밖으로 나갔더라. 뱃속으로 피가 고여 배가 띵띵해지는데 그녀는 그 자리에서 죽을 목숨이었다. 하지만 모진 목숨 아직 갈 때가 아니라는 하늘의 뜻이었을까, 남자의 친구가 잠시 집에 들렀다 친구는 온데간데없고 제수씨가 누워있으니 택시에 태워 병원으로 이송해 수술을 받고 살아난 것이다. 그렇게 그녀의 배엔 큰 칼자국이 남았다.

그렇게 세월이 몇 년이 지나 그녀는 둘째를 임신한다. 한 번은 둘째를 임신했는데 남편이 다시 바람을 피웠더라. 임신한 여인의 속내는 일반인보다 예민하다. 그런데 바람이라니 한 번도 아니고 그렇게 피워대는 바람에 내가 이 애를 낳지 않겠노라 다짐하고 홀몸으로 돈지갑에 돈을 낙태할 비용으로 두둑히 들고 양평으로 향한다. 하늘의 뜻인가. 그녀는 터미널에서 지갑을 통째로 잃어버리고 도저히 찾지를 못해 막차를 타려는 순간에 터미널 안내소에서 지갑을 한 푼도 빠뜨리지 않고 그래도 되찾아 다시 집으로 돌아온다. 그날 밤 잠이 든 자리에서 꿈을 꾸는데 대문 앞에 작은 키의 하얀 한복을 입은 할머니가 앉아 기다리고 있더라. 여인이 오자 도대체 어디를 갔다 오느냐며 역정을 버럭 낸다. 할머니를 안아 아랫목에 앉혀주니 당장 밖으로 나가 저 빨래가 저렇게 많은데 어서 걷어오지 않고 뭐하냐고 호통을 치더라. 밖으로 나가니 새하얀 기저귀가 펄럭이고 그것을 걷어 들어오니 할머니가 치맛자락을 펄럭 걷어 올리는데 불알이 큰 게 보이더라. 그런 꿈을 꾸고서도 여러 번에 걸쳐서 할머니는 꿈에 찾아온다. 와서 사탕도 주고 기저귀도 걷으라 시키고, 한 번은 절을 가려고 시냇가를 건너야 하는데 웬 검은 뱀 한 마리가 길을 막아 절로 들어가질 못하는 걸 스님이 나타나 그 뱀을 치워주어 대웅전에 올라가 부처님 전에 절을 하니 양손에 돌부처 두 개가 올라서 있더라. 그렇게 그녀는 둘째 아이를 낙태할 생각을 버리고 낳아서 키우기로 결심한다. 둘째 아이를 낳고 다음 해에는 셋째를

　　　　　　　　　　　관상으로 찾는 나의 배우자

낳는다. 아이가 셋임에도 남자는 바람을 피워댔고 아내를 향해 폭력과 의처증을 부렸다. 아이들 앞에서 아내의 목을 발로 짓밟고, 칼을 던지고, 양 뺨을 후려쳐 고막이 터지게 만들고, 옷이며 전등이며 남아나는 것이 없다. 밥상을 뒤집어엎고 주먹을 휘두르는 그 지경에 아이들은 무슨 죄인가. 그때 그 남자는 그저 자신이 이 자리에서 최고라고 느낀 모양이다. 이기적이기 짝이 없는 행동, 무책임의 극치를 보여주는 대목이다. 책임을 알고 훗날을 안다면 어떻게 이런 행동이 나오겠는가. 그렇게 그녀는 아이들이 초등학교 때 집을 나와 남편과 이혼하기에 이른다. 이때 아들 둘은 "엄마, 그냥 할머니한테 가서 살아. 오지 말고 가서 살아."라는 말을 건넨다. 그렇게 아들 둘은 남겨두고 딸을 데리고 떠나는 어미의 심정이 어떨지 나는 모르겠다.

그것 아는가? 아버지가 잘못하면 아들들은 그래도 아버지를 찾아오지만 딸은 냉정하게 오지 않는다. 아버지가 잘못하면 늙어선 딸 구경하기 힘든 것이다. 부모가 자식을 두고 갈 적에야 오죽하면 그럴까, 그것이 결국은 가장의 역할을 못한 남자의 책임이 컸음을 그리고 그 남자가 늙었을 적엔 어떤 처우를 받게 될지는 불 보듯 뻔한 일이었다. 자식들은 장성하여서도 아버지에게 아버지 대접을 제대로 하지 않는다. 그렇다고 아주 왕래를 끊은 건 아니지만 어릴 적 아이들의 상처는 커서도 지워지지 않아 아버지를 원망하고 미워하는 마음이 커 지금도 가끔은 옛이야기를 꺼내며 아버지를 향한 화살을 날리곤 한다. 참으로 아픈 상처의 연결고리가 아닐 수 없다. 한 남자가 아내를 폭행함으로써 그 밑에 자식들도 그 영향을 받고 트라우마가 형성되는 이 무서운 연결고리, 이것은 한 사람의 행동이 어떤 결과를 갖게 되는가를 보여주는 단적인 예다. 그 두 아들이 왜 엄마는 따라 나서지 않고 그렇게 아버지 밑에서 두들겨 맞으면서도 다 크고 나서야 엄마에게로 갔는지는 지금도 의구심이 든다. 그녀, 이번엔 다른 남자를 만나지만 그 남자에겐 두 딸과 아들이 있었다.

그녀, 억척스럽게 살았다. 대포동에서 상추장사, 동대문에서 옷을 떼다 파는 옷도매, 세차장, 오징어 팔기, 옥수수 팔기, 보험회사, 화장품 가게, 어지간한 일들은 다 하고 다녔다. 그녀의 목소리는 그새 허스키하게 변해 있었고, 눈매에는 어두운 언더라인을 새기고, 눈썹도 뽑아 문신으로 일자형으로 치켜 올린 눈썹을 하였다. 세상 풍파에 맞아 하나하나 변해가는 것이다. 세상살이가 살고 싶었겠는가. 그저 자식들 때문에 팔자 고칠 일도 만남도 자식들 때문에 그렇게 살았다는 그녀, 돈은 그럭저럭 벌었지만 가느다란 콧대와 콧구멍의 넓은 평수는

관상으로 찾는 나의 배우자

돈은 들어오면 모조리 써버리게 만드는 위력을 지니고 있기에 현금은 부동산으로 묶어 두어야 한다는 것을 일찍이 일반 철학원에선 가르쳐 주지 않았다. 그저 말년은 괜찮다. 늘그막엔 마당 딸린 집에서 살게 될 것이란 막연한 얘기만으로 현실에서 실행할 대처 방법엔 모호하게 이야기를 해준 것이다. 한마디로 헛돈 쓴 꼴이다. 답답하면 이 집, 저 집 다니면서 점도 보고 역학도 본다. 하지만 실생활에 쓰여질 법한 대처방법을 제시하는 곳은 많지 않다. 그저 나이 40대 넘으면 말년복은 좋다는 말이 대부분이다. 쓸데 없는 위로인 셈이다. 잠깐 듣고 답답함을 거기다 풀고 가면 그만이던가. 지금 당장의 행동을 교정해서 앞으로를 준비하게끔 해주는 노력의 답이 부족하다. 현금을 문서화시키는 작업이 필요하다. 문서, 땅, 아파트, 전, 답으로 바꾸는 작업을 통해 본인이나 누가 함부로 금전을 손대지 못할 작업이 필요한 것을 그녀는 일찍이 알았어야 했다.

형제들을 돌보는 것도 어지간히, 오지랖도 어지간히라는 말만 해줬어도 그녀의 삶이 한창 윤택해지지 않았을까라는 생각을 해본다. 그리고 그 남매를 모두 장성하게 키우고 나서 다시 관계가 급격하게 변해 갈라서기에 이른다. 중년의 일이다. 한 번 갈라서는 것이 어렵지, 두 번 세 번은 쉽다. 맘에 안 들면 연인들이 갈라서듯이 하는 것이 사랑이다. 여성의 이마, 이 여성이 이마를 조금만 올렸으면 운기는 조금은 달라지지 않았을까라는 생각이 든다. 어쨌든 후천적으로라도 이마를 올린다면 꺼진 이마보다야 나을 것이다. 여성의 꺼진 이마, 일단은 올리고 볼 일이다.

사랑, 행복, 이 모든 것이 나의 선택이다. 나와 맞는 사람을 만나야지, 나를 알고 나와 맞는 사람을 말이다. 그저 순간의 감정으로 사랑을 하기엔 이 세상은 너무도 험하고 길이 멀다. 그 먼 길을 험하게 가고 싶지 않다면 갈 곳이 하나밖에 더 있겠는가. 그때부턴 절로 가든 교회로 가든 갈 수밖에. 그도 싫다면 이제라도 나를 보고 생활의 전략을 하나하나 써가며 맞추는 행동을 해야 한다. 그녀, 중년을 넘어 50을 넘은 나이에 동우대학에 들어가 사회복지사를 거머쥐었다. 지금은 요양시설에서 일하며 재가요양시설을 만드는 것이 그녀의 꿈이라고 한다. 하악이 발달하고 입이 크니, 이마가 약하지만 가능한 일이라고 본다. 늘그막에나마 이마 수술을 하는 것이 나은가 아닌가라는 질문이 온다면 "어차피 한 번 살다 가는 인생, 이마 수술하쇼."라고 이야기 해주고 싶다. 장 소리 들으려면 이마는 필요한 요소이니 말이다. 사람이 사람을 때리는 일, 책임전가의 공포를 모르기에 가능한 아주 무자비한 인간성의 드러남에서 나오는 것이다. 전생의 인연으로 이러는 것인가. 그놈에 전생이라면 차라리 혼자 뒤져서 저승에서나 전생 타령할 노릇이다. 슬프다. 인간인생, 누군가가 누군가를 이렇게 괴롭히고 남의 자식을 개 패듯이 패는 이 사회가 난 슬프다. 그래서 눈물이 멈추질 않는다.

그녀, 이제사 무슨 남자겠냐만 다시 노년에 친구같은 남자를 만나자면 어떤 스타일의 남자를 만나는 것이 좋을까? 여성이 살이 없고 콧대가 강하며 턱이 발달하면 동글동글한 혀의 남자가 좋다. 이때 남자는 코가 높기보다는 코가 살집이 풍융하되 높지 않으면서도 달마대사의 얼굴처럼 동글동글 모난곳이 없는 스타일들이 좋다. 이마는 기본적으로 좋아야 한다.

마른 형이나 이마는 좋은데 다른 곳이 약하거나 눈이 날카로운 상은 부딪힌다.

그럴 바엔 차라리 혼자 사는 것이 외로워도 행복할 것이다.

꽃으로도 때리지 말았으면 🔍

한 여인이 있다. 아이가 첫돌도 되기 전에 남편이 강에서 우렁이를 잡다가 익사하여 미망인의 상태로 아이를 키웠다. 그러다 보니 이 남자 저 남자가 들러붙게 되고 그로 인해 돈도 뺏기고 마음도 뺏기고 심지어는 두들겨 맞기까지 했다. 이 여인의 상을 보면 기본적으로 목형이다. 갸름한 달걀형 얼굴에 눈도 동그랗고 코도 그럭저럭 높지 않게 솟은 편이다. 어미간문은 넓어 어찌 보면 남편복이 그렇게 없다고는 할 수 없는 그녀이거늘 어떻게 남자를 골랐기에 이런 구타를 당하는 일까지 생겼는가에 의문이 생긴다. 이마는 적당히 솟아 괜찮은데 눈의 전택궁도 좋다. 다만 피부가 온몸에 주근깨다. 주근깨는 광대에 있으면 음란하고 남편과의 사이가 좋지 못하다고 한다. 팔부터 시작해 상체 전부를 감싼 주근깨, 이런 현상은 나도 처음 본다. 몸에 가정적 불운을 이런 식으로 쏟아 내는 것인가 라는 생각이 들 정도이다.

주근깨라는 것은 몸의 열로 인해 많이 생긴다. 태생부터 화기를 타고나 목소리가 컬컬하고, 행동이 자기 멋대로인 경우가 많다. 이런 형들은 인상을 잘 쓰고 격이 높더라도 술을 먹으면 감당이 안 될 경우가 많다. 그러므로 이런 피부를 가지면 스트레스를 받기보단 자신의 행동거지를 단속함으로써 마음자리를 수행하여 몸에 더 이상의 열로 인해 주근깨가 강해지는 것을 막아 주는 것이 상책이다. 여자의 몸은 매끄럽고 깨끗한 피부를 가져야 한다. 하지만 얼굴까지 형은 좋으나 주근깨로 뒤덮이니 이것은 그야말로 과거의 업보인가 라는 생각이 들 정도다. 팔다리 할 것 없이 완전 피부가 굵은 반점처럼 무늬를 띤 이 현상은 가정적 불운을 암시하니 이것을 어떻게 해결한단 말인가. 이런 피부를 가진 여성은 태초부터 무슨 죄를 지었다고 이리도 잔인한 형벌을 받은 것인가라는 생각이 든다. 얼굴이 잘났음에도 이런 형들은 충동적이고, 음주 가무를 즐기고 성격이 강하다. 얼굴에는 약간의 기름기가 끼어서 더욱 불길함을 예고한다. 광대에 주근깨가 끼니 누구 돈 빌려 주었다간 돌려받기도 힘들다. 인덕이 떨어지는 것이다.

이 여인, 식당에서 일하다 남자를 하나 만났는데 고르기를 잘못 골랐다. 얼굴은 길쭉한 목형인데 광대가 불거지면서 어미간문이 좁고 턱이 넓지는 않지만 강하게 자리잡힌 턱이다. 눈은 옆으로 찢어진 상에 눈동자가 항시 벌겋다. 눈썹은 짙어 조밀하고 눈은 반은 감은 듯이 하면서도 지긋이 보는 듯한 눈이다. 사람을 바라보거나 시선을 둘 때 눈을 바로 뜨지 않고 약간은 힘을 빼고 지긋이 보는 듯한 눈은 은근히 폭력성이 들어가 있다. 인당은 일자 주름이 져 성격을 말해준다. 거기에 눈썹뼈가 튀어나온 상이다. 은근히 사람을 공격할 상이다. 기본적으로 눈을 약간은 지긋이 내리 깔은 듯한 눈은 무섭다고 보는 것이 맞다. 소리 소문 없이 공격을 가하기 때문이다. 이 남자 처음엔 이 여성에게 참 잘해 주었다. 하지만 시간이 지남에 따라 슬슬 본색을 드러낸다. 술을 마시고 들어오면 아내에게 시비를 건다. 오늘은 뭐했냐는 말투를 아주 건들거리며 쓰고 걸음걸이도 비틀거린다. 부인을 가만두질 못하고 살살 신경을 건드려 싸움거리를 만들고 이어서 부인을 패기 시작하는 것이다. 목을 조르고, 발로 지지 밟고, 주먹으로 때려서 턱에 멍이 다 들게 만든다. 나중에는 아내를 의심하면서 어느 놈이랑 붙어먹었냐는 구실까지 씌워서 아내를 공격한다. 그야말로 밖에선 좋은 사람이고 집에 들어오면 안내를 샌드백 두들기듯 패는 것이다. 이쯤 되면 이 여인, 그저 남자를 경찰에 신고하고 이혼 절차를 밟아야 맞는 것이다. 하지만 이 여인은 타고나기를 가정적 불행을 타고났어도 이마와 눈과 어미간문의 보필로 끝까지 한 사람을 떠나지 않으려고 애를 쓴다. 아니 어쩌면 이 여인은 남자 보는 눈이 약하기에 이런 일을 당하는지도 모르겠다. 바닥을 질질 끌려다니면 밟히고 주먹으로 맞아도 그 남자를 신고하지 않고 신고를 해도 합의를 해서 구속당하지 않게 만들었다. 이제는 연락을 끊으라는 나의 말에 자신도 그러고 싶은데 그게 맘대로 되질 않는단다. 동그란 눈과 적당한 이마를 가진 이유인가. 그렇게 괴롭힘을 당하고도 남자가 좋아서 이렇게 때리지만 않고 잘 산다면 떠나고 싶지도 않고 떠나려 하니 가슴팍이 휑해지는 것이 허전해서 초조하고 전화기를 하루에도 몇 번씩 들게 되고 안절부절못하면서 그 남자를 기다린다는 것이다. 눈이 동그래 겁이 많은 그녀는 왜 이런 작자를 사랑이라 느낀 걸까. 한낱 몸정이 들어서인지, 맘에 너무 담아둔 것인지, 폭행을 당하고도 이따금 전화가 오면 그 남자를 따라 나선다. 맘의 기댈 곳이 없어서이다. 어딘가 나를 안아줄 상대가 필요한 그녀, 그렇게 당해도 추운 겨울에 따뜻한 은신처처럼 평안을 꿈꾼다. 그리고 다시 두들겨 맞는 반복되는 패턴이 이어지면 다시 집을 나온다. 두들겨 맞아 부들부들 떨면서 화장실로 피신해 친정에 전화를 걸어 살려달라고 말하고, 경찰에 신고를 했다가도 다시 신고를 무마하는 반복적 삶, 그녀는 화병에 걸렸다면서 술, 담배를 즐긴다. 그녀에겐 초등학생 아들이 하나 있다.

난 나의 경험담을 이야기 해줬다. 아이는 이미 많은 것을 안다. 엄마가 엄마를 때리는 아저씨를 좋아하는지 싫어하는지를 떠나서 그 아저씨가 엄마를 때리고 괴롭힌다는 것과 엄마가 그로 인해 속상해하고 괴로워하며 슬퍼하고 아파한다는 것을 잘 안다. 그리고 아들은 그 일을 가슴속에 깊이깊이 새긴다. 그리고 그 새긴 상처는 원한과 증오로 발달해 나간다. 원한과 증오는 어릴 적엔 잘 모르지만 청소년기에 접어들면서 나타나기 시작하는데 각종 비행과 함께 충동적 분노 조절 능력을 상실해 사람에 대한 폭력성의 자제가 되지 않을 수도 있다. 또한 엄마의 술 먹는 모습과 매일 같이 싸우는 모습을 보면 강한 분노심이 점점 커져 상대를 막론하고 공격할 수 있는 고삐 풀린 망아지가 될 수도 있다. 그리고 엄마를 불쌍히 여기고 가슴 아파하면서도 한편으론 엄마가 왜 이런 사람을 만나서 저렇게 고생을 하는가에 대한 마음이 오히려 엄마를 보호하려는 마음과 엄마를 원망하는 마음이 같이 생겨나 나중에 어떤 계기가 되면 그것이 폭발해 엄마에게 크나큰 원망의 소리를 하며 공격해 들어올 수 있다는 점을 알려줬다. 아이는 엄마가 고통받는 것을 죽기보다 싫어한다. 하지만 지금은 어려 불가항력적으로 그저 당하는 것을 보고만 있을 뿐이다.

나중에 아이가 커서 힘이 생기면 그땐 그 남자를 어떻게 할 것이라 보는가. 엄마와 그 남자를 동시에 증오하고 공격 대상으로 볼 수도 있다. 또한 세상의 만나는 여자들을 엄마에 비유해 또 다른 가정 폭력의 장본인을 만들어 내는 것이기도 하다는 것을 말했다. 가정 폭력을 보고 자란 아이는 무의식적으로 학습이 되어 자신이 가정을 이루거나 사랑을 할 적에 어느 순간 여성에게 그런 행동이 드러난다. 그럼 그 여인이 늙어서 며느리가 두들겨 맞고 도망가는 모습이나, 본인에게 원망의 소리가 뻗쳐 들어올 것을 준비해야 한다는 말이 되는 것이다. 이것은 겁주는 것이 아닌 현실이다. 내가 그것을 그대로 보고 느끼고 자라, 지금도 가슴에 그런 잠재성이 존재한다는 것을 마음속의 눈으로 바라보았기 때문이다. 난 수행을 통해 그것이 어떻게 반응하는지를 계속해서 지켜보기에 함부로 나타나진 않지만 분명 낸 맘속엔 본의 아닌 그런 폭력성이 잠재 학습되어 있다는 것을 난 명상을 통해 보았다. 그것은 나 스스로도 굉장히 겁나는 부분이다. 이런 형상이 당장 앞에 있는데 그저 맘이 간다고 가고, 두들겨 맞아도 그렇게 자식에게 보여줄 텐가. 훗날 골병과 함께 자식의 속썩임을 같이 감당할 자신이 있는가를 난 묻는다. 애가 착해 사람마다의 반응이 다르지만 그것은 감당할 수 없는 한과 고통을 주는 심각한 폭력이다. 자식이 하나밖에 없는 엄마가 두들겨 맞는 것을 보고 욕을 듣는 것은 참을 수 없는 고문이다. 아이는 그것을 피할 방도도 없이 당하는 것이다. 굶어 죽는 고통은 아니지만 인생 최악의 고통을 맨몸으로 막지도 피하지도 못하고 당하는 것이란 말이다. 난 그 고통을 너무도 잘 알기에 이렇게 말할 수 있다.

사랑인지, 정인지도 모를 그런 어설픈 행동, 하지 마라. 그저 후에 오는 것은 죽고 싶은 심정뿐이니 말이다. 외로움에 몸부림칠지언정 다짜고짜 아무에게나 기대려는 행동 남편복 없애는 아주 좋은 행동이다. 이런 여성, 적어도 입술이 두껍고 눈이 선한 사람을 만나야 하는데 너무 강한 남성을 원한다. 자신이 강하다고 느끼기 때문인 것이다. 자신을 붙잡아줄 강한 남자. 폭력은 강한 것이 아니다. 되레 약하기에 자제력을 잃은 미친 행동인 것을 그녀가 이제라도 알았으면 하는 바람이다.

찾아올까 두려워

잘난 이마와 적당히 오똑한 코, 입은 작고 아담하다. 그저 적당히 예쁜 상이다. 하지만 왜인지 모를 눈은 항상 우는 듯한 얼굴이다. 예쁜 얼굴을 눈이 울어서 모두 우울하게 보이게 만드는 상, 정말 큰일 날 상중에 하나다. 자신은 아무렇지 않은데 남들은 "어디 아프냐, 우울하냐, 무슨 일 있었냐."를 연발한다. 이 정도라면 이건 스스로 눈빛을 고치고 눈에서 나오는 음기를 차단할 방도를 모색해야 한다.

"어허… 눈이 이래서 되겠어요? 눈빛이 적당히 슬퍼야지 어디 남편 보낸 사람처럼 왜 그런 눈을 하고 계세요. 그럼 안 돼요. 큰일 나요."

"예… 제가 그러고 싶어서 그런 건 아니고요, 그냥 제 생긴 게 그래요…."

"생기기는 예쁜데 눈빛이 큰일이에요. 이거 안 고치면 일 치르겠어요."

"성형 수술을 해야 하나요?"

"아뇨."

"그럼 어떻게 해요?"

"명상 호흡을 해야죠. 하단전에 불기운을 만들어서 전체적인 혈기를 키우고 음의 기운을 적당히 말려서 몸에 조화를 만들면 그 눈빛이 좋아질 겁니다. 나이 든 스님들 중엔 늙어도 눈빛은 청년보다 빛나는 분들 있죠. 다 수행으로 인한 겁니다. 눈이 번쩍번쩍 하잖아요. 눈에 슬픔을 담으면 못생기고 잘나고를 떠나서 안 좋습니다."

"그러게요… 근데 제가 이미 일은 한 번 치렀어요. 제가 여기 온건 두려운 게 하나 있어서에요."

이 여성 나를 만나기 몇 년 전에 이미 큰일을 한 번 치렀다. 남편에게 칼을 맞는 사고를 당한 것이다. 사람이 살면서 타인에게 칼을 맞을 일이 몇 번이나 있겠나. 그녀, 안타깝게도 남편이 찌른 칼에 맞아 죽을 둥 살 둥 거리를 뛰어다닌 경력이 있다. 20대에 멋모르고 한 결혼, 남편은 그냥 적당히 잘해주는 남자였다. 다만 남편은 본인의 엄마를 그리도 미워했더라. 결혼하고 애들이 커가면서 남편은 점점 여성을 의심하기 시작하고 어떤 때는 침대에 칼을 베개에 두고 자기도 하더란다. 그래도 그녀는 그냥 액막이를 하려고 그러는가 보다 하고 그렇게 살았던 것이다. 애들이 커감에 따라 애들 아빠는 여자를 점점 더 의심하기 시작했고, 어느 날은 장을 보고 애들은 집에 들여보내고 따로 얘기 좀 하자면서 으슥한 곳으로 가 주먹으로 얼굴을 때리면서 어떤 놈인지 말하라고 다짜고짜 멱살을 잡고 목을 조르면서 협박을 했다. 아무 짓도 안 한 사람에게 당장에 주먹부터 휘두르고 목을 조르니 그야말로 이 여성은 얼마나 어이가 없었겠는가. 그래도 제정신이 돌아왔는지 다시 미안하다는 말을 하며 내가 왜 그랬는지 모르겠지만 사실대로 말해라. 그럼 내가 용서해 줄게. 어서 사실대로 말해. 라는 말은 끝까지 했다. 정말 무서운 의처증인 것이다.

남편은 가면 갈수록 주기가 짧아지며 여성을 괴롭혔고 나중엔 너랑 못 살겠으니 강제로라도 이혼을 하자며 이혼 신고서를 작성하게 하고 강제로 법원에 데려가 이혼 신고서를 작성했다. 그러고는 홀연히 아이들과 여성을 남겨둔 채 집을 나간다. 그렇게 그냥 끝이면 좋으련만 이 남자, 여성이 일하는 곳을 따라다니며 미행을 일삼고 가끔씩 일하는 곳으로 찾아와 시비를 걸기에 이른다. 이혼을 하고서도 여성에게 남은 미련을 그런 식으로 계속 질투심을 키워가며 의심을 하고 있었던 것이다. 어느 비 오는 날 그 남자는 그녀가 일하는 가게를 찾아와 잠깐 얘기 좀 하자며 그녀를 잡아끈다. "일하는데 왜 이래? 무슨 할 말이 있다고." 하며 뒤돌아서는 그녀에게 남자는 어깨 부위를 녹이 슨 칼로 찌른다.

 등 뒤에서 칼을 맞은 그녀는 얼떨결에 넘어진 상태로 거리로 기어나갔고 남자는 거리로 나와 그녀를 향해 이곳저곳을 녹이 슬어 잘 들지도 않는 칼로 찔렀다고 한다. 이리 찌르고 저리 찌르는데 칼이 잘 들지 않는 상태에서 술을 마셔 강도가 약해 찔려도 정신이 아주 나가지 않은 그녀, 그렇게 속절없이 당하던 때 남자가 칼을 바닥에 잘못 찔러 칼날이 휘어버리자 남자는 가게로 새 칼을 가지러 들어갔다. 그 틈을 타 그녀는 죽을 힘을 다해 달리기 시작했고 남자는 칼을 찾아 쫓아오는 추격전이 벌어진 것이다. 얼마나 어이가 없는 일인가. 그녀는 죽을 힘을 다해 피를 흘리며 뛰었고 결국에 그녀는 골목에 있는 어떤 가게로 들어가 가게 주인의 도움으로 뒷문을 통해 생사의 기로에서 탈출에 성공한 것이다. 거리에 사람이 많아도 누가 그녀를 도와줬겠는가. 뒤늦게 신고로 출발한 경찰이 남성을 제압하여 체포했고 남자는 그렇게 교도소로 들어갔다. 그녀의 나이 40대가 되기 전의 일이다.

눈은 눈썹과 함께 30대를 주관하며 평생을 관여한다. 그녀의 눈은 이 시기에도 와잠궁이 살집이 너무 많아 부육했고, 눈은 그렇게 슬피 우는 상이었다. 그녀가 칼에 찔려 죽을 뻔한 것도 슬픈 일이지만 남편에게 강제로 이혼을 당하고 고된 학대를 받으면서도 그녀는 종교를 가지고 기도하며 눈물을 흘리며 남편이 변하게 해달라고 기도했다. 그런 그녀에게 남편은 결국 자신의 충동감을 이기지 못하고 칼로 무자비하게 죽일 생각을 품고 접근했으니 그녀는 사랑은커녕 인생을 망친 셈이 된 것이다. 일평생 여자가 남자 사랑을 받으며 살아도 고민거리가 많은 시기에 그녀는 이 눈빛의 영향력으로 죽을 지경에까지 놓이는 어이없는 현실을 맛봐야 했다. 다른 부위가 좋아도 눈이 꺼지거나 우는 상이면 30대는 완전 고생이다. 거기에 눈이 계속 빛이 좋지 못하면 일평생 고통을 겪는 수가 생긴다. 그러니 어찌 눈빛을 고치기 위한 노력을 게을리하겠는가. 지금 그녀의 남편은 수감 생활을 마치고 다른 지역의 거처에 있다고 한다. 그녀는 지금도 그 사람이 다시 찾아와 해를 가할까 봐 걱정을 한다. 지금도 그녀는 흔들리는 창문에 부딪히는 바람 소리에도 놀라고, 차를 운전하는 것도 못한다. 그때의 충격으로 작은 큰소리나 진동에도 맘을 추스르기가 힘든 것이다. 이 가련한 여인을 보며 난 내 손안에 기를 모아 잠시 손을 잡아 주었다. 잠시라도 작은 기운이지만 이 여인이 따뜻한 온기를 느끼고 이 기가 몸에 들어가 불씨가 되기를 바랐기 때문이다.

"호흡하세요. 호흡하고 정신을 가다듬으면 나쁜 기운을 멀리할 수 있습니다. 맑은 기운은 따뜻한 기세를 만들고 나를 지켜줍니다. 그 사람이 다시 오진 않겠지만 불안해하면서 지금을 망칠 수는 없습니다. 다른 장치도 필요 없습니다. 지금 이 순간 호흡으로 단련해서 눈빛부터 바꿔보세요."

무슨 말로 이 여인을 위로하고 돕겠는가. 하늘이 무심하구나… 내 그 남자의 상을 보질 못했으니 판단은 못 내리나 왜 이 여성의 눈은 이리도 울적하게 젖었단 말인가. 슬프다. 남편에게 죽어가거나 죽을 뻔한 여인 어디 이 여인뿐이랴… 그저 난 길을 가르쳐 줄 뿐 그 이상 관여할 수도 없다. 이젠 그녀의 몫이다. 호흡을 통한 하단전의 에너지를 만들어 그녀가 눈빛의 음기를 몰아내기를 바란다. 그렇게 해서라도 몸의 불길한 기운을 없애 밝은 삶을 살기를 난 오늘도 절실히 바란다.

　나무 관세음보살

주먹질하지 마라 🔍

　입춘을 얼마 두지 않고 적당한 체구에 얼굴은 기다란 듯하면서 대형 오이를 연상케 하고 눈은 작고 겁 없게 옆으로 찢어진 사내가 들어온다. 입은 다문 듯한데 약간은 비웃는 상이요, 눈썹 주변으로 약간의 상처가 나 있다. 말투는 약간은 깡패를 닮은 느긋하면서도 늘어지는 말투를 쓴다.

　"어떻게 오셨어요…?"

　사람을 바로 보지 않고 약간 고개를 옆으로 돌려 보는 눈초리가 바로 앉으라고 이야기 해주고 싶을 만큼 맘에 안 든다.

"올해 관재가 있나 해서요···. 제가 돈 좀 벌지도 궁금하고···."

壬　丁　甲　甲
寅　丑　戌　子

술월 정화는 화기가 약해져 가는 달이니 인수가 필요하고 경금이나 신금을 써서 갑목을 쪼갠다 했다. 신약한 정화를 뿌리가 없는 갑목이 돕기는 하나 그 세력이 미약하다. 신금은 지장간에 암장되어 투출하지 않고 관살도 정임 합으로 묶이니 부귀는 약하다. 그냥 그럭저럭이다. 정화라는 자체가 불기운이다. 작지만 내뱉기를 잘한다. 말이나 행동, 표현력이 다른 이들보다 강하게 보인다. 관상은 먹을 것이야 찾겠지만 고생이 묻어나는 얼굴이며 얼굴과 눈빛에서 사람을 속일 빛이 보인다. 구설을 몸에 담고 사는 명이다. 기문둔갑으로 보면 을가경 일기피형이라, 이는 재산손재와 명예 실추의 기운이다. 주역괘로는 택수곤이니 싸움을 하거나 하면 아주 힘들어지지는 않아도 경솔히 행동해서 좋을 것이 없다. 작년에도 마찬가지지만 올해 갑오년도 함부로 행동해서는 안 된다. 죄를 지어도 빠져나올 구멍은 있겠지만 사람이 계속 좋을 수는 없는 법이다. 돈복은 40이나 돼야 좀 붙을 것이다. 하지만 기문으로는 36세까지 돈을 벌 기운이요, 나머지는 직업으로 전환해 다시 움직여야 할 기운이다. 40세에 뭘 잘못 벌리면 골 아파질 것이다. 당장 올해까진 기운이 막아줘서 아무렇게나 까불어도 괜찮을런지 몰라도 내년 을미년부터 그랬다간 막아주는 기운도 없으니 조심하라고 당부를 한다. 이렇게 나의 한참 설명이 끝나고 가만 듣고 있던 남자가 말을 꺼낸다. 임진년부터 술자리나 후배와의 자리에서 시비가 붙어 경찰서를 왔다 갔다 했으나 아직까진 큰 부상을 입은 사람이 없어 잡혀가진 않았는데 이번에 누명을 써서 검사에게 불려 갔다 왔다는 것이다.

공격성과 껄렁함, 눈을 보면 보인다. 눈을 아래에서 위로 뜨되 약간은 힘이 없는 듯 있는 듯 보는 상들이 많다. 사람을 바로 보는 것이 아닌 약간은 머리를 비스듬히 보거나 옆으로 본다. 이런 사람과는 거래를 하거나 친하지 않는 것이 좋다. 반드시 배신이 따른다. 말투도 늘어지듯 내리까는 듯한 말투를 잘 쓴다. 그러면서 장담한다는 듯이 말하기를 좋아하는데 그것은 대부분 허세일 가능성이 높다. 이런 사람은 큰 지적을 해도 소용이 없어 아예 말을 안 한다. 말도 통할 사람에게 하는 것이기 때문이다. 돈복은 없다고 보는 것이 맞다. 재성이 공망이고 나에게 도움이 되지 못하고 운에서도 재성을 돕는 운은 아니니 돈 많이 벌기보다는 그냥 직업을 가지고 사는 것이 낫다고 말했다. 벌면 쓰기 바쁜 상이기 때문이다. "작년에 만난 여자는 만남이 지속되기 힘들었을 겁니다." 등사의 기운으로 애인이 생기고 하겠지만 결국은 작년에 만난 여자는 이별의 운이다. 올해도 여자의 기운은 감돈다. 하지만 조심하지 않으면 이도 마찬가지라는 말을 같이 전했다. 사랑, 여자들은 남편복을 찾는데 남자는 아내복 물어보는 사람은 별로 없다. 이런저런 얘기를 하고 가는 남자의 뒷모습은 힘이 없어 보인다. 그래도 어쨌든 살아 나갈 것이다.

더러운 성질머리 나는 미쳤나보다 🔍

가장 먼저 들어오는 시원한 이마, 감탄사가 날 정도로 초년 고생은 없었을 상이다. 다만 눈으로 내려오며 눈두덩이는 앞으로 튀어나오고 눈두덩이부터 눈이 오목하게 들어간 상, 콧대는 좋으나 입은 뻐드렁니처럼 돌출형 입이다. 턱은 사각에 약간 앞으로 나온 상으로 고집이 있다. 그래도 전체적으로 보면 미인형이다. 뻐드렁니, 그리고 들어간 눈의 형, 이 여성의 인생은 초년은 좋을지언정 30대를 넘기면서 수난의 연속이 예상되는 상이다. 관상에서 움푹 들어간 눈은 기의 정체를 나타내고 눈이 들어감으로써 눈썹 뼈가 튀어나오게 되니 이는 일의 막힘을 나타낸다. 뻐드렁니는 남성을 극하고 본인 스스로도 고생이 많고 일생 머슴처럼 뒷바라지를 하는 상이라 했다. 음의 성질을 가져야 하는 여성이 양의 성질이 강하게 얼굴에 두드러지니 이는 사회 활동을 더욱 강하게 하는 것이 본인에게 이로운 점이다.

초년에 이 여성은 집에 머슴이 5명이었고 어릴 적엔 땅에 발이 닿아 흙이 묻거나 하면 울어대서 머슴들이 돌아가며 업고 다녔다고 한다. 어릴 적 이마 덕을 봐서 잘 산다고 하여도 나중에 20대 후반부터 30대를 넘어감에 따른 대비를 해야 한다. 그야말로 내 고집도 받아주고 나의 약한 부분을 챙겨줄 남자를 골라야 하는 것이다. 이런 여성은 남자를 고를 적에 내가 강하기에 애교성이 있으면서 격이 높은, 살집이 있고 눈두덩이가 약간 넓고 동그란 상의 남성을 만나야 하는 것이다. 콧대가 세거나 턱이 각지고 눈썹 털이 굵고 호랑이 눈썹처럼 보이는 상의 남자는 이 여성에게는 쥐약이다. 동시에 여성의 이마를 최대한 활용하기 위하여 공부를 해서 직장이나 관계에 발을 들여 공무원이나 군, 의사 등에 어느 정도 인연을 맺었어야 마땅한 것이다. 넓은 턱과 대접을 엎어놓은 듯한 이마를 최대 무기로 인생의 기반을 닦고 그 후에 시집을 가야 맞았다는 얘기다. 성격도 있고 고집도 잇고 아랫사람을 두고 움직이고 싶어하는 그릇, 이 여성은 어릴 적에 공부와 인연을 먼저 맺었어야 했다. 그야말로 사회 활동을 위해 태어난 그릇이다. 하지만 이는 무슨 운명의 장난인가. 나이가 차서 시집갈 때쯤 한 남자가 레이더에 이 여성을 포착했으니 그때 이 여성은 남자를 몰랐기에 흐르는 물을 낀 강둑의 기타 소리, 해질녘 들리는 산새 소리에 지는 태양의 저녁노을은 이 여성의 마음을 남성에게로 빠지게 하여 그의 유혹에 그저 넘어가 버리고 말았고 인생 고통의 시작은 결혼과 동시에 시작되었다.

연애 시절 한 사람이 한 걸음 앞으로 나가면 또 한 사람은 두 걸음 뒤로 물러나 걷던 두 사람은 그렇게 결혼하여 가정을 이룬다. 남자는 건설업의 기술을 전공으로 하는 남성으로 성격이 불량하고 자기 멋대로인 형이었다. 일을 나가는 것은 며칠 되지 않고 3일 일을 하면 4일은 집에서 술을 마시고 폭언을 쓰며 집안의 집기들을 모두 때려 부수는 형이었던 것이다. 돈은 벌어올 생각은 않고 술만 먹으니 여성은 우울증에 내가 어디서 죽어야 저 인간이 죄책감을 느낄까를 생각하게 된다. 집에 돈은 없어서 죽을 뻔할 적에도 남의 도움을 받아

병원에 실려 가는 고통을 겪었다. 나이 60이 다 돼가는 시점에도 남자는 바뀌는 것이 없이 성격이 그대로이다. 남자의 관상을 살펴봤다. 이마는 좁고 낮으며 눈썹은 일직선으로 털이 약간 성기면서 끝이 가느다란 털이 여럿 난 상이다. 얼굴은 작은 사각을 연상하지만 각 모서리는 둥그스름하고 턱은 짧고 눈은 항상 약간은 찌푸린 상이다. 어찌 보면 작은 지우개를 연상하는 얼굴형에 키는 작은 편이다. 약간 불량스러운 형이면서도 큰 고집을 가진 상은 아니니 그저 성질머리를 좀 쓸 뿐이고 약하게 보이는 상대에게 자신의 폭력성을 내보이는 스타일인 것이다. 눈을 뜨고 볼 때는 항상 약간은 불만스러운 인상을 쓰고 보는데 옆으로 보거나 아래에서 위로 치켜 보기를 하고 코는 약간 들린 형에 콧대는 높지 않다. 입술은 얇고 보통 크기인데 인상은 원래 따지자면 미남형이다.

어디서부터가 잘못된 것일까. 사람을 볼 때는 인상을 따져 볼 일이다. 이것저것 하나하나 뜯어보면 괜찮은 것 같아도 가장 먼저 이마와 눈을 보고 코와 입을 보라고 했다. 남자는 이마와 눈을 먼저 봐야 한다. 그 사람의 정기와 마음이 담겨있기 때문이다. 관상에서 보는 안 좋은 기운이 얼굴에 담기는 것은 본인 스스로의 자각이 있어야 그 나쁜 점을 고쳐 행복한 가정을 만들 수 있다. 기본적으로 이 남성은 얼굴형으로는 육체노동에 걸맞지 않는다. 하악이 발달하지 않은 사람은 강한 정신력과 체력을 바탕으로 하는 건설업보다는 정밀 기계 쪽을 선택하는 것이 바람직하다. 금속 가공, 보석세공 전문가, 감별사, 강사 등 움직임이 한 장소에서 이루어지는 직업이 더욱 맞는 것이다. 체력적 한계를 정밀 기계 운용으로 돌리는 것이 맞다는 얘기이다. 또한 건설업의 특성상 전국을 무대로 뛰어야 하는데 이 남성의 경우 이마가 낮아 활동성의 반경이 넓지는 못하다. 한마디로 걸어서 하루 종일 움직이고 하는 데는 약하다는 것이다. 체력적 한계가 부딪혀 일에 능률이 나지 않고 힘이 드니 술로 달래고 술을 먹으니 맘속에 쌓였던 불만이 폭발하면서 나이가 들어서도 그것을 고치기가 힘든 것이다. 생긴 것의 유형을 잘 살펴 본인의 적성에 맞게 일을 선택했다면 그렇게 아내를 괴롭히고 술로 진창을 부리는 남성으로 가지는 않았을 것이다. 이런 남성과 그래도 자식 낳고 붙어사는 이 여성이 대단한 것이다. 여성의 이마, 가정환경이란 것은 참으로 무섭고도 무서운 일이다. 역시 남자는 이마 좋은 여성을 만나야 한다.

인생이 꼬인다는 건
내 눈이 멀었다는 것🔍

　인생이 꼬이는 것은 아주 작은 것에서부터 시작한다. 작은 선택과 행동, 그리고 반복되는 행동과 선택의 연속으로 실타래 엮이듯이 전깃줄이 회전의자 바퀴에 꼬이듯이 나는 그저 그런 행동을 했건만 나중에 가서 풀려고 보면 아주 풀기 난해한 상황으로 꼬여서 어떻게 이렇게까지 꼬였나 싶을 정도로 꼬여있다. 꼬이는 것은 한순간이다. 사랑도 인생도 한순간의 선택에 나의 행동이 이어짐으로써 만들어진다. 길을 들기 전에 생각하고 들어서서 아닌 것 같다는 생각이 들면 다시 한번 생각하며 잠시 멈추어라. 과감하게 그것을 자르거나 돌아서서 다시 원점으로 가는 자세가 필요하다. 인간의 행동은 하나의 에너지를 가지고 있고 하루에 돌멩이를 하나씩만 던져도 그 순간 던지는 돌멩이는 발로 차서 멀리 보내버리기 쉽지만 하루하루가 쌓여 돌멩이가 돌탑이 되기 시작하면 그 돌탑을 허물기 위해서는 큰 포크레인이나 불도저 같은 중장비가 동원되어야 할지도 모른다. 그것도 퍼서 어딘가로 흩어버리거나 이동시켜야 하는 수고로움까지 생기는 것이다. 하루하루의 선택과 그에 작용되는 나의 행동, 그것이 결코 작은 것이 아님을, 우리는 각성하고 또 각성해야 한다. 하나의 행동이 아주 가벼운 것이지만 그것이 쌓였을 적엔 무서운 힘을 발휘함을 우리는 알아야 한다. 한 여성이 있다. 이 여성은 이제 50을 넘어 60을 바라보는 나이이다. 어릴 적엔 딸들이 많은 집에 태어나 아버지는 술만 마시면 딸들을 두들겨 패고 인간 취급을 하지 않으셨다. 옛날엔 딸을 정말 푸대접하는 가정이 있다는 것을 나는 이분을 만나고 처음 알았다.

이 여성의 이마는 아주 꺼지진 않았으나 낮다. 눈이 처진 상으로 금형의 얼굴, 즉 사각의 얼굴인데 인상에서 풍기는 기운은 눈이 아래로 처지고 입꼬리도 아래로 처져 우는 상이다. 불만스러운 얼굴, 뭔가 세상 근심·걱정 거리를 다 떠안고 사는 인상이다. 이마와 광대, 콧대가 그리 나쁜 것도 아니고 턱도 사각으로 고집 있게 생겼다. 다만 그 눈과 이마가 아주 애로점인 것이다. 눈썹은 끝 부분이 아래로 처져 외로움을 탈 상이나 어찌 보면 나한상이라고 할 수 있다. 내 전에 여자는 이마를 봐야 한다고 말한 적이 있다. 여자의 이마가 중간부위가 어느 정도 두둑하게 나왔으면서도 양쪽 귀퉁이가 꺼진 상은 어릴 적에 아주 불우하진 않아도 고생을 할 수 있는 상이다. 거기에 눈이 우는 듯, 근심 어린 듯, 아래로 처진 상은 고생이 말도 못한다. 이 여성은 집에서 그렇게 아버지에게 두들겨 맞고 푸대접을 받다가 일찍이 집을 떠나기 위해 시집을 간다. 가정을 피해 도망을 간 것이나 다름없는 것이다.

아버지가 돌아가시던 날, 그녀는 아버지의 임종을 지켜보지 않았다. 그만큼 딸들을 사람 취급 안 하고 사셨던 그 행동이 가슴에 사무쳐 자식으로서 아비의 장례식장도 가고 싶지 않은 것이다. 얼마나 마음 아픈 노릇인가. 눈물 한 방울이 안 나오더란다. 강한 턱과 중간의 튀어나온 이마, 적당하면서도 약간 튀어나온 광대의 상으로 보아 이 여성은 사회생활을 일찍이 시작해야 하는 상이다. 특히나 이마가 좋지 못한 사람은 30 이전엔 결혼을 하면 안 된다. 그야말로 고생길이기 때문이다. 하지만 본인은 그것을 몰랐기에 한 남자에게 인생을 맡긴다. 가정을 이루어 삼남매를 낳았지만 남편은 술을 먹어 알콜중독자로 전락하였고 자식 마누라를 분간하지 않고 두들겨 팼다고 한다. 두들겨 패고 또 패고, 술 먹고 마누라를 패다가 아들이 말리면 아들을 두들겨 패고 아내가 말리면 다시 아내를 두들겨 팬다. 그야말로 릴레이로 두들겨 맞는 회전목마를 탄 셈이다. 본인이 나갔다 오면 괜히 시비를 걸어 패고, 아내가 나갔다 오면 아내가 어디 갔다 왔느냐고 팬다. 이 여성, 안 해본 것 없이 일을 해서 세 자식을 키우기 위해 노력했다. 신문 배달, 식당 서빙, 청소부, 배운 게 없으니 죽어라 노동 일이다. 거기에 일을 갔다가 들어오면 남편은 그런 여성을 붙들고 슬슬 시비를 건다. 그리고 또다시 폭력을 휘두른다. 죽을 정도로 두들겨 맞지는 않았지만 충분히 이 여성은 죽고 싶은 마음이 일었다. 어느 날은 새벽 시간대 산업용 25톤 트럭이 많이 다니는 도로를 신문배달을 하러 가다가, 차들이 많은 시간차에 등 뒤에서 차가 오든 말든 이대로 나를 치여 죽여 달라는 듯 도로를 대각선으로 가로질렀다. 자살을 택한 것이다. 이대로 차에 치이는 것이 지금 사는 것보다 낫다는 생각, 얼마나 고통스러우면 트럭에 깔려 밀가루 피자 반죽처럼 되도 좋다고 생각했겠는가. 그러면 차들은 트럭 특유의 큰 경적을 울리며 사람을 이리 피하고 저리 피해 양 차선에서 난리가 나고 차를 세우고 이 여성을 향해 쌍욕을 퍼붓는 것이다. 산업 운전자가 사람을 깔아 죽일 뻔했을 적에 어떤 욕이 나왔을지 상상해 보라. 말도 못할 욕과 고성이 나온다. 그런 욕들을 들어가면서 이 여성은 그렇게 유유히 사차선 도로를 대각선으로 지나가 가던 길을 가는 것이다. 그녀, 이대로 살다간 죽겠다 싶어 40대에 가출을 감행한다. 할 줄 아는 것은 음식 만드는 일, 40대엔 광대뼈의 솟은 기운이 닿아 작은 식당을 하나 마련한다. 음식도 잘하는 이 여성의 식당은 아주 잘 되진 않아도 시내에 위치하여 이래저래 손님이 꽤나 오가고 자신의 생활비는 벌어서 생활할 정도는 되었다.

광대는 중년을 담당하고 자신의 생활력과 주변의 인덕을 상징한다. 고생 고생을 해도 본인이 생활력을 지니고 주변의 도움으로 그 모진 고통 속에서도 가게를 차리고 꾸리고 나가는 것이다. 거기에 코도 적당히 솟아난 데 전위가 적당하니 그럭저럭 먹고 살만큼은 벌고 가는 것이다. 이 여성은 이 시기에 그저 자신의 상을 알고 사랑이라는 감정을 함부로 생각하지 말고 그저 식당을 운영해 자신의 거처를 마련하는 것이 바람직하다는 것을 그렇게 당하고도 알지 못했다. 우는 상의 여성은 차라리 남자를 들이지 않는 것이 신상에 좋다. 사랑하기에는 그 무게가 너무도 크기 때문이다. 식당에 오가는 손님 중에 한 남자가 이 여성에게 접근을 한다. 여성과 이런저런 대화가 오가던 중에 고생했던 일과 자신이 식당을 운영하면서 남편에게 두들겨 맞고 사는 사연을 자식들에게 하소연하다가 자식들이 커서 사회로 나가 없으니 손님을 붙들고 이야기를 하던 중에 말이 통한다는 생각이 들었다고 여긴 것이다. 남자의 이 한마디가 이 여성을 붙들어 매는 강한 덫으로 작용할 줄은 이 여성은 전혀 알지 못했다.

인생, 한 번 더 꼬이는 순간의 시작이었던 것이다.

"정말 가엾습니다. 당신이 그렇게 고통스러워 하는데 내가 당신을 그 남자에게서 뺏고 싶습니다."

뺏고 싶다는 그 한마디. 사랑받지 못한 이 여성에겐 청천벽력 같은 벼락소리처럼 가슴을 때리고, 남자에게 한마디 사랑 소리 듣지 못하고 40 평생 살아왔는데 뺏고 싶다니, 내게 잘해주고 싶다니…. 여성은 남자의 이 한 마디 말에 넘어가 그 순간으로 폭력을 휘두르는 남편을 버리고 친정집을 나간다. 이 여성을 찾아 헤매는 친정 어머니는 당시 칠순의 노모였다. 그래도 그녀는 노모를 피해 다니며 이 남성과의 동거를 시작한다. 전깃줄이 꼬이듯이 꼬이기의 에너지가 응축되며 발동의 시작을 알렸다. 행복을 그리며 시작한 동거생활은 불행의 연속이 되었다. 이 남성 또한 술을 먹고 다른 여성을 만나기를 밥 먹듯이 하였으며 나중에는 서로 간에 말다툼이 일어나면 폭행을 일삼기 시작했다. 기본적으로 본인의 남편복이 없다는 사실을 알고 우는 상에 벌이 쏘는 것처럼 생긴 새로운 남자도 이 여성을 가만히 놔두질 않는다는 것을 알았어야 했다.

그래도 이제는 어릴 적에 당하던 것처럼 가만히 당하진 않았다. 그렇게 서로 싸우고 고생을 하며 살아도 이제는 여성의 광대와 턱의 영향력이 남성을 능가할 정도로 강하게 발달했기에 남자의 폭행과 온갖 고생스러움에도 이 여성은 온갖 일을 하면서 결국은 그 남자와의 자리에서 오히려 우세를 점하는 데 성공했다. 다른 여성과의 바람 피우는 자리를 미행을 해서 쫓아가 서로 뒤엉켜 싸우기도 하고, 쌍절곤에 머리를 맞아 안면 전체에 검은 멍이 눈 아래까지 내려오기도 했다. 처음에는 오기로 내가 더 이상 갈 데가 없으니 이래죽나 저래죽나 한 번 해보자 식으로 덤비고 버티며 살다가 이제는 남자가 늙어 힘이 빠지니 이제는 불쌍하기도 하고 이제 내가 다른 데 가서 뭐하나라는 생각에 그냥 죽을 때까지 살 생각이라는 이 여성, 이제는 남자가 이 여성의 눈치를 보는 쪽으로 흘러가는 상이다. 여성의 골격이 남성의 골격을 넘어서니 이제는 전세가 뒤바뀐 것이다.

사람의 인생, 누가 누구에게 고통을 주고 고통을 받고가 나뉘는 이 세상, 어떨 땐 참으로 진력난다. 어차피 살다 가는 인생, 맘에 안 들면 그냥 죽어 버리는 게 속 편하지 않을까라는 생각도 든다. 한편으론 그 고통 속에 사는 그것이 진정 고통이 삶의 묘미라는 생각도 든다. 고통이 있기에 재미가 있는 것이 아닌가. 시합도, 게임도 저항력이 강할수록 이길 적에 느끼는 행복이 크다. 길을 어떻게 걸어갈까. 이 여인, 이제라도 동네 반장부터 하나하나 밟아서 올라가 보는 것은 어떨까라는 생각이 든다. 인생, 그냥 포기하면 그뿐이고, 살아보면 극한의 고통 뒤에 그만한 열매가 있지 않나 싶다. 앞으로의 그 여인의 인생에 빛이 깃들길 바란다.

가정폭력을 받고 자라 성인이 된 아이의 아버지를 향한 이야기🔍

어릴 적 기억을 어디서부터 하십니까? 전 아마도 할머니의 손에서 앙탈 부리고 떼쓰며 살던 4살, 속초 뱃머리에 할아버지가 새벽에 고깃배를 타고 속초 갯배가 서는 지금 그 자리에 할머니의 등에 업혀 따라 나서곤 했던 그 시절부터 기억이 납니다.

할머니는 한 손은 큰 고무 세숫대야, 일본말로 고무다라이라고 하는 그걸 머리에 지고 한 손으론 포대기를 한 저의 엉덩이를 툭툭 쳐주며 뱃머리까지 가던 기억이 지금도 선합니다. 언젠가 할머니와 집에 있을 때였습니다. 어떤 여자가 가죽 가방을 들고 들어와 저를 아주 반가운 모습으로 쳐다보며 웃는데 그 사람이 저는 누구인지 몰랐습니다. 누군데 나를 보고 저렇게 웃지…? 그다음부턴 기억이 한참 동안 나질 않았는데 그때 그 여자가 저의 엄마였다고 하더군요. 그리고 속초에서 할머니를 떠나 동해로 왔을 때 한참을 엄마~엄마~ 하며 울면서 할머니를 찾아 돌아다녔답니다. 너무 어릴 적의 생각은 그렇게 흘러가고, 초등학교 다닐 적부터 기억이 나는데, 언제부턴가 엄마 아빠가 싸우는 모습이 보였습니다. 그리곤 언제부턴가 아빠가 엄마를 때리기 시작하더군요. 그럼 우린 그 모습이 너무나 무서워 아무것도 못하고 엄마 때리지 말라는 한마디 해보지도 못하고, 그저 울기에 바빴지요. 악악 소리를 내며 우는 저와 남동생 앞엔 5살 터울의 누나가 아빠 보고 엄마 왜 때리냐고 하지 말라고 소리 지르던 것이 지금도 그 음성이 귓전에 선합니다.

"아빠 엄마 왜 때려 하지 마~! 엄마 때리지 마~!"
"어머 나 고막 터졌어."
퍽퍽 철썩 철썩
"화냥년 같은 게 죽어! 죽어! 네년은 화냥년이야. 더러운 것 같으니라고."

그 당시 전 화냥년이 무슨 뜻인지 몰랐습니다. 나이가 들어 알고 보니 환향녀를 그렇게 더럽게 불렀더군요. 나라가 힘이 없어 여자들이 잡혀갔다가 고향땅으로 겨우 살아 돌아오니 오랑캐에게 더럽혀졌다고 따로 모아서 살게 했답니다. 나라의 힘을, 나라의 울타리를 지키는 남자가 힘이 없어 끌려간 여성들에게 남자들이 지어준 이름이 환향녀, 그걸 무식한 사람들은 화냥년이라고 부르더군요. 전 세상에서 그 소릴 정말 듣기 싫은 욕으로 여깁니다. 그 욕 하는 사람이 병신이라고 들립니다. 나는 병신이다. 나는 병신이다. 언제부턴가 아빠는 남동생과 저에게도 손을 대기 시작했습니다. 왜 맞는지도 모릅니다. 그냥 술을 먹고 들어오면 엎드리랍니다. 초등학교 1학년 2학년짜리가 뭘 압니까. 영문도 모르고 엎드리면 옷장에 옷걸이를 걸라고 걸어놓은 알루미늄 거치대를 뽑아 그걸로 우리 엉덩이를 때립니다. 일명 빠따 맞는다고 하죠? 저는 초등학교 1학년 때 처음으로 맞았습니다. 이유도 모르고, 영문도 모릅니다. 그냥, 그렇게 엎드려와 그 알루미늄 거치대가 휘어지도록 맞고 맞다가 넘어져 아프다고 악악 소리를 지르며 울면 발로 동생과 저를 걷어찹니다. 술을 먹고 그 어린 것들이 뭘 얼마나 잘못해야 그렇게 두들겨 맞는지 지금 생각해도 저는 이해가 되질 않습니다. 하루는 학교를 다녀오니 방구석이 피바다입니다. 방바닥에 피가 흥건하고 엄마는 구석탱이에 쪼그리고 앉아 혼자 울고 있습니다. 그 어린 것들은 지 어미가 울고 있고 바닥에 그것이 피인지 뭔지도 모르고 그냥 엄마에게 달려가 엄마가 우니 같이 웁니다. 아빠는 어디로 갔는지 알 겨를도 없었지요.

아빠는 책을 많이 읽었습니다. 근데 왜 사람을 때렸을까요? 책을 많이 읽으면 지식이 풍부하고, 교양이 있어야 정상인데 헛공부 했나 봅니다. 이 나라의 교육문화가 썩은 건지 무엇이 썩었는지, 무언가 잘못됐으니 그런 괴물이 만들어진 것 아니겠습니까? 하루를 술을 먹고 들어오더니 엎드리라더군요. "엎드려." 누나에게 이렇게 말합니다. 덜덜 떨고 있는 우리를 보면서 자신의 허리띠를 풉니다. 자신이 허리띠로 동생들을 때려서 피가 나면 이 걸레로 동생들 피를 닦아줘라. 전 아직도 그 대사가, 뇌리에 박혀서 잊혀지지가 않습니다. 수학 공식은 잘 잊혀지는데 왜 어째서 이런 일을 겪을 땐 천재처럼 기억에서 지워지지 않는 걸까요? 언젠가 TV에서 철창 안에 갇혀서 두들겨 맞아 학대받은 개들의 모습이 나왔습니다. 부들부들 떨면서 두려운 눈빛으로 언제 저 몽둥이가 날 향해 날아올까를 바라보며 제발 이제 그만 이 고통에서 벗어났으면 좋겠다는 저항 한 번 할 힘도 없이 당하는 그 눈빛이, '저와 제 동생이 그런 눈빛과 행동으로 바닥에 엎드려서 있었겠구나.'라는 생각이 듭니다. 한 번은 하도 두들겨 맞으니 엄마가 저와 누

나를 데리고 티코를 타고 새벽에 속초로 도망을 갑니다. 새벽에 제정신이 아닌 상태에서 옛날 동해에서 속초까지 가는 길은 구불구불한 도로였습니다. 도로도 좁았죠. 엄마는 그 도로에서 졸음 운전으로 차가 언덕길로 미끄러졌는데 재수가 좋은 것인지 나쁜 것이지, 차가 어딘가에 걸려서 더 이상 구르진 않았다더군요. '차라리 그때 다 같이 죽었으면 이 모진 목숨 더 이상 고통은 안 받았을 텐데'라는 생각도 듭니다. 그렇게 외갓집에 도착하면 삼촌은 우리보고 너네는 왜 왔냐고 고성을 지릅니다. 그놈의 자식이니 왜 데리고 왔냐는 겁니다. 참 생각해 보면 그 양반도 철이 없는 양반이었습니다. 그렇게 며칠을 피신해 있으면 아빠는 속초로 쫓아와 엄마와 우리를 데려가려 합니다. 그러면서 자신은 굶어 죽어도 그런 적이 없다고 말을 하더군요. 그 많은 기억들이 지워지는 가운데 그 대사가 지워지지 않는 건, 왜일까요? 인간이 얼마나 자신의 양심 자체를 가리고 살 수 있는지를 저는 초등학교 때 배운듯합니다. 그것도 부모를 통해서 말이죠. 어찌어찌 지워진 기억들 가운데 결국 엄마는 속초로 갔는지 어디로 갔는지 보이지 않았습니다. 엄마도, 누나도, 언제부턴가 보이지 않더군요. 나와 한 살 터울의 동생, 그리고 언제 술을 먹고 들어와 우리 두 형제를 두들겨 팰지 모를 아빠, 이렇게 셋만이 집에 덩그러니 남은 것입니다. 언젠가 엄마가 잠시 우릴 보려고 왔다가 아빠에게 붙잡혀 동네 슈퍼에서 경찰을 부르고 난리 법석을 떤 적이 있습니다. 결국은 온 가족이 동네 파출소로 갔습니다. 경찰이 "이러면 애들 삐뚤어집니다."라는 말을 하던 것이 기억이 납니다.

엄마가 말합니다.

"엄마랑 같이 속초 갈래?"

"아니 엄마 혼자 그냥 가, 우린 여기서 학교 마치고 갈게. 엄마 혼자 가서 다신 여기 오지 마." 너무 덤덤하게 말하던 그때, 엄마가 아빠에게 그렇게 맞는 것이 내가 맞는 것보다 더 두려웠던, 말릴 힘도, 한마디 던질 의지조차 낼 수 없이 기죽어 살던 그 어린 나이에, 할 수 있는 한마디는 "엄마 어서 가. 가서 오지마. 이제 여기 오지마. 우리가 커서 엄마한테 갈게. 난 여기서 친구들하고 학교 다녀야 돼."

"엄마가 또 보러 올게, 이제 너가 동생한테 엄마고 형이야. 동생 잘 챙겨야돼."라고 말하며 눈물을 훔치며 떠나던 엄마의 모습이 저는 목소리만 남았지 그 모습은 떠오르지도 않습니다. 그때의 나이, 제가 초등학교 4학년 때의 일입니다. 그렇게 몰래몰래 엄마는 우릴 만나러 왔었고 우린 그때만을 기다리며 역시나 달라지지 않는 고통 속에 시달리며 하루하루를 보냈습니다. 두 형제가 집에 아무도 없이 만두를 튀기는데 만두가 새카매지도록 불 조절을 못해 다 탄 만두를 먹고, 라면 하나를 사서 둘이 나눠 먹고, 학교 앞 매점에서 낱개로 파는 소시지를 한두 개 사다가 그것을 반찬 삼아 먹는 것이 일과였습니다. 이 층에 살던 우리가 잠이 들 즈음이면 계단에서 무거운 발걸음이 들리고 아빠가 들어옵니다. 들어와서 조용히 자면 좋겠다는 것이 그 당시 소원이었습니다. 와서 하는 소리는 이것들이 방을 안 닦아놨네. 어쨌네 저쨌네.

"야이 새끼들아 일어나, 안 일어나?"

멱살을 잡혀 질질 방에서 거실로 끌려나갑니다. 자는 척을 해도 소용이 없습니다.

"엎드려, 이 새끼들이 청소도 안 해놓고 밥도 안 해놨네. 엎드려!"

밤 12시에, 초등학생들은 그렇게 다시 빠따를 맞습니다. 빠따가 맘에 안 들면 배를 발로 걷어찹니다. 따귀를 때리는 건 기본이요, 어떨 땐 엄마 욕을 하면서, "그년이 어떤 놈이랑 바람이 나서 도망갔다. 너네들은 그런 니 어미한테 갈 거냐?", 갈 거냐고 물으면 어린 것들이 뭘 안겠습니까. "예."라고 말을 하면 더 화를 내며 그런 년한테 간다고 더러운 것들이라며 미친 소릴 해대고 결국 싱크대에서 칼을 꺼내 자신의 배에 갖다 대며 어린 것들 앞에서 엄마 데리고 오라고 소리를 지릅니다. 어린 것들은 그래도 아빠가 진짜 칼에 찔려 죽을까 겁이 나 울며불며 잘못했다고 빕니다. 그렇게 밤엔 자는 것이 겁이 납니다. 발소리만 들려도 무섭고, 집에 들어오는 것이 싫었습니다. 한바탕 두들겨 맞고 잠이 들 때쯤엔 엄마라고 작은 목소리가 흐느껴 나옵니다. 눈물도 같이 흐릅니다.

"엄마… 엄마… 난 왜 이렇게 살아야 돼…. 하느님… 저 왜 이렇게 괴롭게 살아야 해요… 저 정말 살기 싫어요…."

…

밤이면 이렇게 난 눈물과 고해 속에 밤을 지샜다. 그래서 시작한 것이 학교 운동부, 운동을 하면 조금이라도 집에 늦게 들어갈 수 있기 때문이었다. 그래도 아빠의 고성과 귀싸대기

관상으로 찾는 나의 배우자

는 계속 이어졌다. 친척의 보증으로 아빠의 직업은 날아가고, 우린 어느새 중, 고등학생으로 성장했다. 더 이상 아빠의 폭력은 이어지지 못했다. 이젠 우리가 아빠에 대한 복수심에 불타는 시기가 된 것이다. 대학을 서울로 가고 나서부턴 명절이고 뭐고 동해에 있는 아빠에게 가지 않았다. 지금의 난 나이를 먹어 30대가 되었다. 지금이야 그렇게 미워하는 감정을 가지고 살진 않는다. 하지만 가슴속에 맺힌 심정은 나도 모르게 아이들에게로 나타난다. 아이들이 많이 울거나 떼를 쓰면 나도 모르게 강하게 화를 내거나 손이 올라간다. 직접 때리거나 하진 않지만 어렸을 적의 폭력성이 약간은 대물림된다는 것을 깨달았다. 어릴 적에 아버지에게 따뜻한 말 한마디 제대로 받고 자라지 못해서일까. 난 항상 아이들에게 존댓말을 쓴다. 그러면서도 한 번씩 화가 나 손이 올라가거나 큰 소리를 낼 때면 내가 두렵고 싫어진다.

폭력의 대물림, 이것은 혼자만의 문제가 아니라는 것이다. 가슴속에 내재된 분노가 남아 불만적인 부분이나 화가 나는 부분에 갑자기 폭발적으로 발생하는 아주 안 좋은 습관이 생긴 것이다. 억눌린 감정의 폭발, 그것은 멀쩡하게 생긴 사람이 갑자기 미쳐 날뛰는 모습을 보이도록 만든다. 정상적으로 화를 내거나 항의를 하는 과정이 빠진 그냥 혼자 참다가 순간 공격성이 발휘되어 상대방을 놀라게 만드는 것이다. 이 시대의 폭력을 휘두르는 아빠, 엄마에게 말하고 싶다. '그 폭력이, 언젠가 당신에게, 그리고 당신들의 손자 손녀에게 돌아갑니다. 그리고 그 원망은 본인들이 죽어서까지도 따라갈 수 있음을 지금이라도 아셨으면 합니다.' 인터넷에 아이를 구타, 학대하여 아주 굉장한 상처를 주는 것을 본 적이 있다. 지금은 아이가 어려 그것을 모른다. 하지만 그것이 순화되지 않을 땐 그 폭력이 그대로 가해자에게 고스란히 돌아간다는 것을 명심하길 바란다. 어떤 방법으로든 말이다. 돌이킬 수 없는 후회는 하지 않았으면 한다. 당신이 고통받아 그런 행동을 하는 것은 이해한다. 하지만 가족에게, 아이에게 그런 행동을 하지 마라.

4장

애증관계의 관상

남자친구 돈을 빌려줘야 하나 말아야 하나 🔍

쾡한 눈에 마른 체형, 마르다 못해 뼈가 드러날 듯한 얼굴과 몸매다. 키는 큰 편이고 머리는 긴 생머리로 길렀는데 몸에 살이 너무 없어 안타까울 지경이다. 눈은 안으로 들어가 눈썹 부위가 튀어나온 형이고, 눈빛은 흐리다. 입은 약간은 앞으로 돌출해서 모아진 입으로 딱 잘라 말하면 종살이할 관상이다. 보는 순간, 어휴, 종살이다 종살이야…. 사람을 보고 어지간해선 그런 소릴 안 한다. 예쁘고 못나고를 떠나 입의 모양새와 얼굴의 형, 눈빛이 그녀의 명함을 이미 만들어 낸 것이다.

"그래, 무슨 일로 오셨어요? 먼 고생을 했는데 눈하고 얼굴에 빛과 살이 없어요. 살이 찌셔야지 이렇게 마르면 복이 안 붙어요. 키도 크시고 예쁘신데 몸 관리를 하셔야지."

난 격려 반 우려 반으로 그녀를 맞이한다.

"네 제가 좀 그렇죠…."

그녀는 시종일관 나와 눈을 제대로 마주치질 못한다.

눈에는 약간의 객기도 풍기고 고생스러움도 풍기지만 마른 그녀여도 턱이 강하다. 콧대가 살집이 없어도 높다. 고집과 자존심이 강한 상이다. 내가 말한다고 모두 다 듣고 따라갈 여인이 아니다. 자신의 고집에 꽂히는 것이 있으면 남의 말을 무시하고 그대로 밀고 갈 상이다. 턱은 고집이다. 말라도 턱이 강하면 고집을 강하게 부린다. 목형의 얼굴에 얼굴이 약간 길쭉하니 남자의 말을 적당히 들을 법도 한데 이성에겐 어느 정도 끌려다녀도 남의 말엔 관심이 없는 타입들이 많다.

"그래 무엇이 궁금해서 오셨어요? 말도 잘 안 듣게 생기셨는데 내가 도움이 될런지 모르겠네…."

내 말에 그녀는 고개를 비스듬히 치켜들며 코웃음을 친다.

"그냥 돈도 그렇고요, 다요."

대부분 나에게 오는 사람은 두 부류다. 투자를 위해 성패를 묻는 사람과 남녀관계와 그냥 다라는 말을 난 그리 좋아하지 않는다. 그 안에 나를 시험하고 자신의 입맛은 나중에 꺼내들기에 그전까진 나 혼자 장단을 맞춰서 춤을 춰야 하기 때문에 조금은 힘이 든다. 얼굴에 약간의 주근깨와 푸르스름한 빛이 보인다. 좋지 않은 빛이다. 남자관계는 있으면 종살이 격이 되기 쉽다. 마땅찮은 관계를 만들기 좋기에 남자 선택에 신중해야 한다. 돈, 돈은 말할 것도 없이 많이 벌긴 글렀다. 기본적으로 눈빛이 퀭하다는 느낌이 들면 그것으로 끝이 난 것이지만 눈두덩이가 들어가고 코가 높되 살집이 없으며 손의 형이 살이 적고 뼈만 앙상하니 이건 돈 벌긴 글렀다. 그저 고생바다만 남은 인생이다. 이런 스타일은 고집은 강해서 남의 일은 하지 않으려 들 것이고, 적당히 자신의 주특기를 살려서 움직여야 하는데, 눈빛이 퀭하니 어떤 일이든 열정을 갖는 것이 쉬워 보이지 않는다. 턱이 강하고 고집은 있으니 자격증을 공부해서 전문분야의 자신이 맞는 일을 찾는 것이 바람직한 상이다. 눈의 형은 약간 긴 눈의 형태이니 눈썰미는 그럭저럭 있을법하니 꾸미는 일이나 육체적 노동이 강하지 않은 예술계통의 일도 맞다고 볼 수 있다. 문제는 자신의 본위가 어딜 향하고 있는가이다. 이런 사람은 돈 관리에도 약한 부분이 많아 빚을 지기도 쉬우니 돈을 함부로 빌리거나 빌려주어선 안된다. 갚기도 힘들고 받기도 힘든 타입들이 많다. 이 정도 얘기를 하니 긴 한숨과 한동안의 적막이 흐른다.

'음… 내가 너무 안 좋은 말을 했나….'

하지만 있는 그대로를 말해야 하기에 난 거침이 없다. 안 좋은 것을 고쳐야 한다고 말해야지 사람 듣기 좋자고 거짓으로 말해 그 사람의 인생을 더욱 안 좋게 만들어서야 좋겠는가. 그것이 나의 확고한 신념이다. 쓸데없는 소릴 싫어하고 덮어놓고 긍정도 싫어한다. 해결책이 없는 악담도 싫어한다.

"선생님 말대로 현재는 돈 때문에 고생이에요. 남자친구가 연하인데 자꾸 돈을 빌려달라고 하거나 몇천을 만들어달라 그러는데, 처음에야 몇백 정도 아는 사람한테서 구하지만 어디서 그렇게 구해서 자꾸 하겠어요."
"초혼은 이미 했을 텐데, 결혼은 한 번 하셨었어요?"

내가 묻는다.

"네. 이혼하고 딸하고 사는데, 지금은 그냥 남친이에요."

"그래, 그런 분하고 어떻게 살아요, 그만두셔야지. 고집 빼기가 쎄서 말은 안 듣겠지만 본인 형편 알면서 그러는 사람이 정상은 아니잖아요…?"

나의 말에 그녀는 입을 다문다.

"남자 사진 있어요?"

"네."

"줘봐요."

사진을 바라본다. 눈매는 능글한 눈매인데 눈썹은 짙고 얼굴은 약간 사각의 느낌이 강하다. 키는 그리 크지 않은 상인데, 중점은 눈썹의 털과 이마다. 이마가 낮고 눈썹의 미당골이 튀어나와 보통 성격이 아니다. 이렇게 마른 형의 여자가 이런 사람을 만나면 고집이 부딪혀서 싸우다 여자가 다치고 퍼진다.

"님 같은 스타일들은 사각턱에 키가 작고 전체적으로 사각의 느낌이 나고 털이 많은 남자는 안 돼요. 님은 아주 동글동글하고 살집이 좀 있는 사람을 만나야 도움도 받고 고통도 덜 당해요, 핸섬한 사람이나 사각 스타일은 좀 안 맞죠. 눈매에 따라서 다르긴 하지만 제가 봤을 땐 그냥 정리하고 차라리 혼자 가세요."

"그게 그렇게 안 돼요."

"그렇죠, 잘 안 되죠, 그게 원래 그래요. 그래도 님의 앞으로의 인생을 생각하면 상대를 바꿀 필요가 있습니다. 일단 물부터 좀 많이 마시세요, 살이 어느 정도는 있어야지, 그리고 적당한 시기에 정리를 하세요. 하나하나 맘에 찬바람이 쌩쌩 드는 것 같고 공허함이 가슴을 채워도, 버릇처럼 폰을 뒤져서 메시지를 보내고 전화하고 싶어도 하나하나 정을 떼세요, 잠자리도 자꾸 멀리하고요. 몸정이 붙는 것도 만만찮은 방해꾼이니까. 앞으로 살 좀 찌우면서 자격증 공부해서 해봐요, 아니면 아주 예술적이면서 대중이 좋아하는 아트 같은 걸 배워서 하던가… 매달려서 해봐요. 돈은 당연히 빌려주면 안 되겠죠…? 본인 위치를 한 번 잘 보세요. 사랑하면 돈 구해다 주는 게 사랑이랍니까? 드라마도 아니고… 눈빛, 치켜뜨듯이 하지 말고 옆으로 보지 마세요. 정면으로 똑바로, 단정하게 앉아서 바로 보는 연습하세요. 님이 맘이 어떤지 몰라도 뻔히 남한테 안 좋게 보여요."

어떻게 상담을 하는 게 거의 훈계식으로 진행되는 듯해 맘이 편치는 않지만 부드러운 말투로 이런 말들을 던지면 그래도 먹힌다. 이제부턴 자신들이 행하는가 마는가가 관건이다. 한동안은 힘들겠지만 몇 달 후면 그녀는 다시 짝을 찾아 나설 것이라 난 확신한다. 그녀가 행복하길 바란다.

왜 딴 년 만나 속을 썩여 🔍

북평 장날, 난 묵사발과 빈대떡을 아주 좋아한다. 오늘도 장에 나가 묵 한 그릇에 빈대떡을 먹고 길거리에 파는 튀김과 식빵, 홍게를 통째로 넣고 국물을 낸 오뎅가게에 앉아 오뎅과 오뎅 국물로 입가심을 한다. 봄 여름, 가을, 겨울을 마다 않고 5일에 한 번씩 서는 북평 오일장은 동해 시민이라면 누구나 약속과도 같다. 어찌 보면 마누라 생일은 잊어도 오일장은 안 잊을 판이다. 달력에 3, 8일은 무조건 장날이다. 나도 가끔 택일을 하려고 달력을 보다가 3일이나 8일이 걸리면 "어 오늘 장날이네."를 먼저 말한다. 어쩌다 바빠서 장날을 잊고 지나면 "아 어제가 장날이었는데…"라며 굉장한 아쉬움을 토로한다. 해산물과 먹을 거리의 어우러짐, 무쇠로 만든 대장장이들의 솜씨와 약초상, 닭도 그날 잡아 손질한 채로 장에 올라온다. 과일도 싸고, 먹을 거리도 많아 배가 불러 못 먹을 지경인 이곳에 난 항상 어지간하면 나와 묵사발 한 그릇을 먹고 탁주를 마시며 흥청망청 노닌다. 체육공원에 앉아 잠시 쉬는데 아는 손님과 동행한 분을 만났다.

"아이구 여기서 만나네요, 하하. 난 벌써 식사했는데 식사하셨어요? 요즘 어때요?"

"그냥 그렇죠 뭐, 선생님은 잘 지내셨어요?"

"네 저야말로 그냥 오일장이나 기다리고 사는 거죠 뭐, 하하."라며 웃는다. 옆에 계신 분은 그저 말없이 내가 누군가 하고는 이리저리 살피기 바쁘다. '젊은 것 같은데 선생이라니…' 라는 표정이다.

"아 날씨 좋구나, 이제 가을 녘이라 바람이 선선한 게 좋네요."라며 말을 하는 나에게 아는 분이 조심스레 말을 건넨다.

"저 선생님, 제 친군데요, 지금 이 자리에서 이 사람 관상 좀 봐주실 수 없나요?"

"예? 봐주는 거야 어렵지 않죠 뭐, 여기 앉아 보세요."

일단 옆에 앉혀 놓고 찬찬히 얼굴을 살핀다.

이마는 좋다. 하지만 눈은 약간 쾡한 상이다. 눈은 동그란데 약간 들어가고 전택궁은 넓으나 눈빛은 죽어서 쾡하다. 전택궁의 살집이 없어 눈이 들어간 상은 정기가 마른다. 인생이 피곤한 경우가 허다하다. 눈을 제대로 마주치지 못하고 어디 소금 뿌리는 걸 맞는 사람처럼, 고개를 살짝 돌린다.

"음… 손 좀 봅시다."

손을 보니 살이 없이 마르고 엄지부위에 각이 져 가정적으로 불운을 암시한다.

"남편이 없구만, 고생 꽤나 하셨겠어요. 표정부터 아주 고생했다고 말하시네요. 고집도 강하지만 가정에서 그리 막 행동해서 이혼할 상은 아닌데, 남편이 잘못했구만."

눈을 똑바로 뜨고 여인에게 말을 건넨다. 잠시 흠칫 하더니 그렇다고 말하며 말을 건넨다.

"남편이 바람을 피웠어요. 그래서 이혼을 했죠. 제가 매력이 없었는지, 그 여자가 더 좋았는지 바람을 펴놓고 걸려도 당당하더라구요. 그래서 이혼하고 혼자 살아요."

"네 그러시군요. 사모님은 큰돈 벌 체질은 아닌 거 아시죠? 자격증 같은 거 따서 적당히 직장 다니시는 게 맞아요."

"호프집 나중에 하고 싶은데요?"

"장사, 그건 안돼요. 그럴 운이 아니고, 그럴 그릇도 아니에요. 괜히 벌려봐야 모아놓은 돈 까먹으니 열심히 모아서 땅 사서 살 집이나 만드세요. 장사하면 빚더미에 앉아요."

"열심히 하면 되지 않아요?"

옆에 있는 손님이 묻는다.

"누군 열심히 안 해서 망합니까? 그릇이 돼야지 그릇이. 톱은 톱대로 놀고, 식칼은 식칼대로 노는 거에요. 노력으로 그냥 되는 줄 아쇼?"

이렇게 웃으며 말을 하니 두 여자도 웃는다.

10년 동안 식당의 설거지 생활을 한 그녀는 몸은 마르고 얼굴은 약간 사각의 형태를 띤 금형 얼굴에 목형상의 몸을 가졌다. 건강의 문제가 발생한다. 코는 높지 않은데 격이 아주 낮지는 않은 것으로 보아 남편의 잘못이 컸으리라. 입술이 작고 주름이 적으니 음기는 약하고… 눈은 항시 내리 깐 스타일이다. 속내를 아주 내비치기도 뭐하고 속으로 꿍하는 상이다. 어찌 보면 답답할 상이다. 처음에는 가정을 이혼하고 홀가분했다고 한다. 하지만 당장 다가오는 생활고가 홀가분함을 날려버리고 식당일부터 하나하나 하다 보니 술이 늘더라. 술은 몸에 음기를 해친다. 술을 마시면서 담배까지 펴대니 더욱 그렇다. 팔자를 살피니 화토의 기가 너무 왕성해 몸에 음기가 말라 버리는 상이다.

"어허… 음이 말라 버리는 상이니 남편이 잠자리가 맘에 들진 않았겠어요. 불기운이 강한 해가 연결되는 巳, 午, 未 계절엔 몸도 많이 아파질 가능성이 높아요."

"네 저 요즘 너무 아파서 몇 달 동안 고생했어요."

"일단 물을 많이 드세요, 검은 콩과 조릿대 같은 것도 전문의와 상의해서 드시고요."

부부관계에 있어서 중요한 세 가지 중 하나는 속궁합이라더라. 속궁합, 그야말로 남녀 간의 가장 중요한 문제가 아닌가 싶다. 사랑의 시작은 색이 아닌가. 말로만 사랑하는 사람 있던가. 사랑의 감정이 깊어지면 오가는 것이 성관계인데 이 성적 욕구와 매력은 음기에서 나온다. 눈이 움푹 들어가고 이마만 강하며 입술에 주름이 적고 입이 작고, 턱이 강하면 섹스를 맘대로 남자가 휘두르기도 힘들고, 여자가 음기가 적어 자궁 쪽으론 그렇게 명기라 할 수 없다. 잠자리도 기피하거나 거부하게 되니 남자는 다른 여자에게 욕정을 풀 맘이야 갖겠냐만 밖에서 움직이는 사내에게 음의 기운이 강한 여성은 잠자리 못마땅한 마누라보다 나았던 모양이다. 남녀는 어지간히는 색을 쓰는 것이 마땅하다. 서로 간에 너무 맞춰주지 못하면 상대는 남녀를 구분하지 않고 바람이 나기 좋은 듯하다. 이 남자, 색에 빠져 마누라 버리고 갔다는데, 언제까지 색을 탐닉할지는 미지수이다. 남성의 경우 나이가 들고 술과 스트레스로 상대를 자주 바꿔가며 성관계를 하면 관계 중 성기의 발기와 유지가 잘 되지 않고 사정으로 이어지지 않는 경우도 많이 생긴다. 순간의 매혹을 못 이겨 이 사람 저 사람을 만나면 타고난 정력가 아닌 다음에야 성기능에 문제가 생기고 훗날에는 후회한다는 것을 알지 못한 듯해 아쉽다. 조강지처 버리면 하늘의 벌을 받는다는 말이 있다. 조강지처 버리고 어디 잘 살으랴… 두고 볼 일이다.

속이 타도 술로는 꺼지지 않는다 🔍

여름의 불볕더위와 더운 바람은 어느덧 사라지고 가을의 시작이다. 새벽 4시에 대관령 물안개를 헤치고 올라 국사 성황사에 앞으로 다가올 을미년을 기도한다. 나와 모든 인연 짓는 이들의 안녕과 평화를, 고통 받는 이들에게 위안을… 자식을 갖고 싶은 이들에게 자식을, 사업하는 분들에게 사업번창을, 학업자는 학업 성취를, 이렇게 한참을 가만히 앉아 합장을 하고서 마음속으로 기도를 올린다. 잘 차려진 여느 상과는 달리 내가 가져간 것은 내가 배고프면 먹을 플라스틱 통에 담은 밥 한 주먹과 김치뿐, 성황사에 단오제 때 올려지는 많은 음식에 비하면 내가 가져온 것은 눈에 뵈지도 않을 부분이지만, 재물이 다 무슨 소용인가. 그보다 더한 이내 마음 하나면 나와 인연 닿는 분들을 향한 나의 기도가 이루어지리라 믿는다. 오히려 이렇게 소박한 상에 성황사 모셔진 분들이 더 반길런지 누가 알겠는가. 대관령의 일출은 정말로 아름답다. 일출도 일품이지만 대관령 꼭대기에 올라 아래로 내려다보이는 강릉 야경도 옹기종기한 듯하면서 넓게 퍼진 모습이 아름답다.

'아 내려가기 싫다.'라는 생각이 들어 새벽 여섯 시에 짐을 풀고 앉아 쉰 것이 오전 11시나 되어서야 대관령을 내려왔다.

관상으로 찾는 나의 배우자

대관령을 굽이굽이 돌아 내려와 사무실에 자리를 잡고 앉았다. 삼십 분이나 흘렀을까, 한 여성분이 들어온다. 단정한 복장에 단발머리를 한 여성은 한눈에 봐도 아름다운 얼굴이다. 아리따운 얼굴이다. 누가 봐도 매력을 느끼고 남자라면 정말 좋아할 만한 얼굴. 갸름한 턱에 둥근 이마, 오똑하면서도 조화로운 코에 입술도 앵두 같다. 그런데 어딘지 모를 눈빛의 흔들림과 어미간문의 기색의 어두움은 나로 하여금 그리 좋은 일로 찾아온 분위기가 아닌 듯하다는 생각을 갖게 만든다. 잠시 팔자를 펴놓고 얼굴을 찬찬히 들여다본다. 귀를 보고, 손을 보고, 상을 본다. 그리고 목소리는 말을 걸어 들어본다. 어린 아이가 봐도 이 여잔 예쁘다는 말이 나올 지경이다. 단아한 상을 갖춘 그 여인, 나이가 40대 중반을 넘었지만 그래도 청춘의 미모를 간직한 상이다. 단정한 외모와 남들이 다 좋아할 만한 외모, 오 이 정도면 남자를 잘 만나서 살 만도 한데, 문제는 저 눈에 걸렸구나. 눈 와잠궁에 영구 문신으로 아이라인을 만들어 놓았다. 손은 엄지 부분이 각이 져 둥그런 상이 아니며 엄지 부위가 각진 각손이다. 눈은 예쁘나 어딘지 모를 분노와 슬픔을 간직한 눈이다. 눈동자엔 약간의 물기가 보이고, 가끔 인상을 약간 쓰는 듯이 보일 적엔 괜시리 무장의 기운을 느끼게 하는 그런 매서운 눈초리가 나온다. 여자의 눈에서 남자의 인상 쓰는 듯한 매서운 기가 나오면 이건 문제가 있다. 그냥 물기만 젖어도 그런데 눈초리가 매섭게 보일 때가 있다? 이 여자, 예쁨 뒤에 뭔가 있다. 아무 말 없이 팔자를 살피고 눈을 보며 한마디 꺼낸다.

"가정궁이 일단 좀 불안하시네요, 우울하세요? 눈빛이 왜 이랬다가 저랬다가를 반복하세요. 여자가 남자를 쳐다볼 적에 기침을 하든, 말을 하든 상대를 쳐다볼 때 은근히 호령하려는 눈빛이 나오는 건 바람직하지 않아요. 눈매를 좀 고치셔야겠는데요."

화기가 강하게 들이찬 여성에게 나오는 여러 부류 중에 환장한 듯 눈을 크게 뜨고 보는 형이 있다면 이는 또 다른 형으로 눈을 아래에서 위로 치켜뜨며 눈에 힘을 팍 주고 양 눈썹을 중간으로 모아 쏘아보는 호령형에 가까운 눈짓을 보이고 있었다. 마치 매의 눈을 보는 듯하고 순간 간담이 서늘해질 정도다.

"네 제가 좀 그렇죠."
웃으며 말하는 그녀는 얼굴을 우로 살짝 돌리며 약간은 쓰거운 듯한 표정이 나온다. 목소리는 허스키 자체이며, 예쁜 얼굴에서 나오지 않을 법한 얼굴 근육의 움직임은 분명 그녀 안에 남자가 있는 듯한 착각을 불러일으킬 만큼 절도 있고 강한 기운이 묻어난다.

"그래, 일단 팔자를 봐서는 전문 용어로 관살 혼잡의 팔자인데, 이런 스타일은 돈보단 명예를 중시하는 쪽으로 가야 하고, 흔히들 말하는, 식상해서 쓰기 싫지만 굳이 일찍이 결혼을 할 필요는 없는 것 같네요, 이미 하셨겠지만 공직에 일찍 몸담고 공부를 열심히 하면 좋은데 그렇지 못하면 좀 남자 땜에 골 아플 스타일이에요. 본인이 더 잘 아시죠?"

"네, 그렇죠⋯."

"근데 뭘 화를 그렇게 담으셔서 목소리가 쉰 소리를 내세요?"

이 정도의 대화가 오가니 이젠 여성의 입에서 한 마디 한 마디가 흘러나온다.

20대 초반에 농촌에서 살다가 시집을 갔다. 하지만 그 남자는 바람이 났고 아이 둘을 낳아 키우던 이 여성은 아이들마저 모두 남자의 집에 둔 채 집을 나와 이런저런 일을 하며 생활을 했다고 한다. 술집을 시작으로 이리저리 다른 남자를 만나고 또 헤어지고 또 다른 남자를 만나고, 헤어지기를 반복, 이제는 가까운 사람이 어차피 만나도 또 헤어질 테니 위자료나 많이 받게 땅 있고 집안에 돈 좀 있는 나이 지긋한 남자를 소개해 줬단다. 이제는 사랑보다는 어차피 찢어질 거 돈이나 벌어봐라 식으로 주변에서 소개를 하는 실정에까지 왔으니 이 얼마나 어이가 없는 일인가.

"아니, 뭔 시집을 목돈 마련으로 간답니까? 본인 얼굴에 돈이 많이 붙을 거라 생각하세요? 어떻게 주변 사람들이 그런 식으로 소개를 해?"

난 순간 어이도 없어 헛기침을 하며 토로하듯 말을 던졌다.

"그러다가 진짜, 된 놈 만나서 고생 고생하고 몸과 맘이 아주 다 망가지면 어쩌려고 그렇게 한대요? 소개를 아예 받지를 말아야겠네…. 사랑이 장난이랍니까? 아무리 돈이라지만 본인에게 맞는 사람을 골라서 행복을 어느 정도 영위할 생각을 하게 연결시켜 줘야지 나쁜 사람들이네…."

난 팔자를 접어두고 그런 식으로 소개를 한 사람과 그걸 계속 받아들여 만난 여자에게 대놓고 핀잔을 주었다.

"그렇게 하지 마세요. 진짜 사람이 사람처럼 안 보여요. 나중에, 지금이야 미모가 살아있으니 된다지만 나중에 나이 들어서도 그럴 건 아니잖아요? 그리고 제가 보기엔 본인에겐 그렇게 큰 돈복은 없어요. 입이 크기를 해, 눈빛이 좋아, 코가 좋아, 그냥 적당히 행복하게 살아갈 사람이 왜 맘을 그렇게 먹었어요. 그런다고 돈 많이 못 모아요."

예쁜 얼굴은 다양한데 아기자기하게 예쁜 얼굴은 어떻게 하느냐에 달렸지만 큰돈을 많이 쥐기에는 힘이 약하다. 그러므로 힘 있는 남자를 만나는 것이 현명하다. 한바탕 퍼붓고 나니 이젠 맘이 아파온다. 저 눈에 담긴 그 세월에 얼마나 모진 상처와 배신감에 떨었을까. 그 눈물이 흐르고 흘러 마치 동굴 속 종유석처럼 눈에 영구적으로 매달려 있는 듯했다. 목소리는 쉰 소리가 나는데 말끝은 마치 울다가 내는 목소리처럼 떨림 현상이 있다. 이런 현상은 약간 술을 달고 사는 사람들에게서 많이 나타나는 현상이다.

"혹시 술 드시나요?"

"네, 제가 술을 안 먹으면 잠이 안 와요."

약간은 술기운에 얘기하는 듯한 말투를 섞으면서 말하는 그녀의 얼굴은 참으로 눈으로 가만 보고 있자니 그렇고 뭐라고 하자니 '내가 뭐라고 그러나.'라는 생각을 들게 만든다. 아무리 예쁜 얼굴도 빛을 잃어 얼굴에 주근깨가 발동하고 와잠궁과 어미 간문의 색을 흐리게 만들면 그날로 가정생활 종치는 것이다. 집안에서 한잔 두잔 홀짝홀짝 마시는 소주가 그리도 달지는 않겠지만 이 여인은 술을 약 삼아 잠을 청하고 악몽 같던 지난 세월의 트라우마와 마주하고 싸우는지도 모르겠다. 와잠궁에 그린 그 영구 화장 아이라인은 자기 스스로 만든 고통의 문신인가. 이제껏 아이라인 영구화장을 눈 아랫부분에 세기고 괜찮은 사람을 좀체 보질 못했다. 와잠은 가정궁이다. 눈의 기색을 그런 식으로 흐리진 말아야 한다. 그것도 대부분 야매 시술이다. 어떤 여성은 쌍꺼풀 수술을 야매로 하다가 부작용이 나서 왼쪽 눈이 더 커진 상태로 다닌다. 되레 가정 궁을 망친 셈이며 남편복을 스스로 깎은 것이다.

"그 와잠궁에 아이라인 지울 수 없나요? 한 번 알아나 보세요. 그리고 술 드시지 마세요. 지금 살고 있는 남편분은 잘 맞아요? 이제 애도 있으니 잘 사서야죠. 나이도 금방 먹는데 구관이 명관입니다."

남편의 사진을 보여준다. 전형적인 고지식함이 묻어나는 얼굴이다. 사각의 얼굴에 눈은 약간 길게 아래로 처진 눈이며 턱은 강하고 넓다. 나이가 좀 있어 살은 그리 많지 않아 여성이 훨씬 어려 보인다. 코를 볼 적엔 그다지 사업으로 돈을 벌 상은 아니요, 눈썹 부위의 전택궁도 눈썹이 약간 조밀하고 눈과의 간격이 그리 넓지 않아 많이 물려받을 것 같지는 않아 보인다. 성격은 조금 급한듯 보이고, 고집은 강하다. 입술도 얇은 편이니 그릇이 그리 포부가 강한 사람은 아닌듯한데… 물려 받을 땅이라….

"그냥 사업보다는 직장에 잘 맞는 얼굴이시네요. 이런 분들은 사업은 힘들어요. 자기 뜻대로 밀어 붙이면 좋긴 하지만 잘못 걸리면 미련스러워서 망하기 쉽습니다. 일단 코가 그리 크거나 좋은 것도 아니고 눈초리가 맑지도 않은데 무슨 유산이 그리 많아요? 그래봤자겠구만."

전의 이야기가 떠올라 다시 핀잔을 준다. 그러자 그 여인 그저 웃는다. 웃는 소리에도 컬컬한 기운이 같이 내어 나온다. 여성의 얼굴은 달걀형, 턱이 강하지 않으니 그래도 이 남자와는 그럭저럭 성질을 부려도 살지 않을까라는 생각이 든다.

"선생님 제가 나이가 많은데 애들이 어리잖아요, 그저 제가 이 어린것들 잘 키우고 돈 걱정 안 시키고 죽어야 될 텐데요."

이 남자와 결혼해서 어린 두 자녀를 두고 있다. 아이들이 부모 나이에 비해 어린 편이니 부모로서 걱정이 심히 되리라. 부모가 나이가 많으면 늙어서도 자식 걱정에 편한 노후를 보내기 힘든 모양이다.

"그렇게 걱정되면 일단 집에서 술부터 드시지 마세요. 병원 치료를 받으시든지, 호흡을 하셔서 화기를 밑으로 내리고 마음을 다잡으세요. 지금 일어나고 있는 현상에 내가 휘말리지 말아야 합니다. 그게 아이들 클 때까지 내가 안 아프고 오래 살아서 시집 장가보내는 길이에요. 집에서 애들 보는데 술 취한 모습 보이지 마세요. 그게 얼마나 안 좋은지 알잖아요. 애들이 배워요. 왜 똑똑한 애들 망치려고 하세요, 말로는 애들 걱정이고 몸으로는 애들 앞날 막기를 합니까?"

어지간해선 손님에게 이런 식으로 말을 안 하는 나이지만 하는 행동이 맘에 들지 않고 아이들을 생각하는 사람의 자세가 썩었다 싶어 모질게 말을 던진다.

그 여인, 그저 말이 없다.

"술 먹지 마세요, 이런저런 일들을 안주 삼아서 한잔, 하시지 말고 잠이 안 오면 책을 읽든지 붓글씨를 쓰세요. 그럼 새벽에 책 읽다가 바로 잠들 겁니다. 술로 자꾸 하지 마시고 그거 숙면 안 되니까 눈빛이 앞으로 더 흐려지면 애들 크는 거 못 볼지도 몰라요. 정신 차리세요. 얼굴빛을 살려야죠. 호흡 좀 하세요."

관상가가 아주 시어머니처럼 잔소리를 늘어놓으니 이건 일반적 상담과는 거리가 멀더라. 잠시 이야기를 듣다 긴 한숨을 푹~ 길게 늘이 쉬는 그 여인네. 속으론 맘이 아프다. 그저 이 모든 현상이 이 여인 하나의 잘못이고 결과인가. 바람난 남편으로 어린 나이에 상처를 입고 얼마나 모진 고생 해왔으며 그 두고 온 자식들이 보고 싶었을까… 처음 맺는 인연은 무섭다. 남자의 바람, 그것은 용서하기 힘든 일…. 그 남자는 그저 다른 사랑이라 생각하고 그렇게 바람을 피운지 몰라도 나 하나 보고 온 여자에겐 충격이 너무 크다.

　남자의 바람, 그것을 막는 방법은 싹수를 보는 것이 가장 크다는 것이 나의 지론이다. 바람 필 상인지 아닌지를 먼저 보고 정을 주고 말고를 결정해야 한다는 것이다. 오입의 관한 관상적 의견을 보면 와잠궁의 색이 어두워지거나 없던 털이 나거나, 홍빛을 띠는 것은 오입의 흔적이라고 한다. 기본적으로 남녀는 성관계를 하고 나면 평소보다 예뻐 보이고 피부가 좋아 보인다. 이것은 여러 사람을 상대해 본 본인의 경험으로 상대와의 성관계로 쾌락을 느끼고 사랑의 감정을 싹 틔우면 얼굴빛이 좋아진다는 것으로 이는 틀림 없는 징조이다. 다만 어미 간문이 어둡고 인당과 만면에 어두운 빛이 도는데 괜한 바람을 피우면 걸리거나 패가망신하기 쉬우므로 이럴 경우는 삼가는 것이 좋다. 와잠궁의 살집이 좋은 자는 색을 밝히고, 눈이 약간 튀어나온 사람도 색을 즐긴다. 여성은 광대에 주근깨가 많은 사람이 색을 밝히고 남자를 보면 눈을 희번덕 하는 스타일의 눈초리가 색을 밝힌다. 인간의 본능은 어쩔 도리 없으나 일단 내 짝이 너무 그런 행동의 기미가 강하다면 정 들기 전에 한 번은 고려해 보아야 할 부분이다.

제 죽을 줄도 모르는 뒷바라지 🔍

아는 지인의 소개로 친하다는 언니를 만났다. 첫인상에 들어오는 기운은 고생 바다, 그것도 남 뒷바라지 하다가 볼 장다 볼 고생 바다다. 눈은 약간 돌출형에 얼굴은 사각져 금형이나 문제는 원만한 금형이 아닌 약간은 삐뚤어진 금형상이다. 턱의 부정교합으로 인한 것 같은데 생각보다 얼굴의 비대칭이 심하다. 얼굴이 기울거나 삐뚤어져 얼굴의 중심선이 틀어지면 되는 일이 없고 심정도 삐뚤어진다. 눈은 튀어나와 이남자 저 남자를 보기에 좋고 삐뚤어진 인상에 제대로 된 남자가 들기 어렵다. 치아는 앞니 양쪽이 안쪽으로 들어간 옥니에 입은 돌출형이다. 아주 돌출형은 아니나 이것은 부정교합의 영향도 있어 보인다. 눈에 힘이 풀려 눈빛이 살아있지 못하고 사람을 바르게 보지 못하는 상, 이는 자신의 고집을 남에게 내보이고 싶지 않지만 남의 말과 조언을 듣는 상은 아니다. 그저 아무 말 없이 상대를 가끔 쳐다보며 상태를 관찰한다. 어찌 보면 평범하고 고상할 수도 있는 얼굴형이다. 하지만 스스로 택한 길이 그를 점점 더 나락으로 잡아끌고 들어가는 상태였다. 허드렛일로 하루를 보내고 담배 한 대를 무는 손동작은 엄지와 검지를 이용해 담배를 붙든다. 엄지와 검지 그렇게 힘 있게 쥐는 상은 아니다. 내 자아와 내 가족에 집중하고 그 외에는 다른 것은 크게 신경 쓰지 않겠다는 의지가 담겨 있는 손의 동작이다.

지인이 묻는다. 힘들게 사는데 해결 방법은 없을까. 난 대답했다. 남의 조언을 듣지 않고 자신의 본위를 우선으로 하기에 그릇된 것을 바로 보지 못하고 스스로 고생 바다에 뛰어들어 남 좋은 일 시킬 상이요, 맑은 정신을 키워 기상을 가져야 하는데 그럴 의지가 보이지 않는다. 사람 눈을 피하니 진실되지 못하고, 속에 감춘 것이 많아라. 스스로를 오픈하고 정작 하고 싶은 것과 현재 나의 위치를 한 번은 살피고 가야 스스로 일어설 것이다. 그야말로 마음 자세부터 고쳐먹으라는 말이다. 마음을 다지는 방법 그것은 호흡에 집중하는 것이다.

집 나가는 여인의 속내 🔍

40에 집을 나간다. 어린 아들 둘을 남기고 눈물지으며 집을 떠난다. 2년 뒤에 돈 벌어서 너희들 데리러 올게. 뻔한 거짓말 하며 자신의 행복 찾아 꿈 찾아 무모한 여행자처럼 벼랑 위를 뛰어내리듯이 과감하게 한 발짝 내딛는 순간 가출한 주부가 되었네. 광대가 강하고 나이가 들수록 턱도 강해진 그녀 얼굴의 윤곽은 사각으로 만들어지고 젊은 날의 신랑은 나이 40이 넘어서도 술의 연속이다. 이 여성은 젊을 적에 한 살 연하의 남자를 만나 결혼했다. 20대~30대까진 얼굴의 윤곽이 광대뼈가 그렇게 나오지 않고 턱의 모양새도 그렇게 강하지 않았다. 반면 남편은 하악이 발달하고 광대가 살아있어서 의지가 있고 눈매 또한 매서운 형으로 고집과 의지가 충분한 상이었다. 하지만 본인의 팔자인가 세상살이의 시류를 잘못 탄 것인가. 나이를 먹어감에 세상사에 지치고, 남편의 일은 안 풀리고 남편은 집에서 사고는 안 치지만 술은 계속 마시며 일은 마땅치 못했다. 한 가지의 일을 하더라도 꾸준히 밀고 나가야 하지만 남편은 그것을 못해 가정의 민생고를 제대로 책임지지 못한 것이다.

여인은 어느새 40대가 되었고 세파에 단련된 여성의 얼굴은 하나둘씩 세상살이의 상처가 고스란히 남게 되었다. 얼굴에 주근깨가 점점 많아지고 얼굴의 윤곽은 명확한 금형의 얼굴로 변해간다. 사회활동의 시기가 왔음을 신체적으로 강하게 드러낸 것이다. 뼈의 윤곽이 강하게 발달하고 거기에 가정 생활로 인해 살이 불어 오름으로 얼굴이 남편보다 더 커졌다. 이제는 남편은 술을 먹어 살은 빠지고 의지가 약해짐으로 얼굴은 사각을 유지하나 살이 빠져 뼈만 남았고 눈은 살아있는 듯 매서우나 맑지 못했다. 여성은 얼굴의 주근깨를 없애기 위해 시술을 받았지만 되레 얼굴의 주근깨는 더 얼굴의 상을 어둡게 하고 양 볼에 상처를 남겼다. 40대의 자리에 오명의 도장을 찍어준 것이다.

여성은 남자의 행동이 사냥꾼 역할, 그야말로 가장으로서의 경제적 능력을 갖추지 못할 때 많이 짐을 꾸려 나가버리곤 한다. 나는 순간 두려웠다. 자칫하면 나갈 가능성이 높다. 결국 그녀는 온데간데없이 홀연히 아이들을 남기고 사라졌다. 여성의 사회활동을 반대한 남편은 본인이 가장으로서의 역할을 수행하지 못했고 여성은 사랑의 기운이 점점 사그러드는 40대의 기운에 결국은 본인 스스로 울타리 밖으로 뛰쳐나간 것이다. 광대뼈가 나이가 들어감에 밖을 향해 돌출되고 하악의 윤곽이 강해져서 금형의 형상을 이루면 이는 집에서 가만있을 상황이 아니다. 또한 그녀의 입술은 약간 입이 가로로 찢어진 듯 넓고 크다. 욕심이 자리를 잡고 포부가 있는 상이다. 이런 상은 나이가 들어감에 애인을 만들기에도 여지가 없다. 밖으로 나가 활동을 시작해야 하는 시기가 된 것이다. 여자라고 집에만 있을 수는 없다. 그냥 여가를 위해 노니는 듯 움직이는 상이 있는가 하면 내가 나의 길을 간다라는 장부스타일로 변모하는 상이 있기에 남자들은 여성을 아가씨적 고분고분한 어린 동생 보듯이 해서는 안 된다. 시기가 되면 새는 날아가고 노루는 산으로 뛴다. 여성도 각 스타일에 따라 가정을 그대로 유지하면서 집에서 노니는 스타일과 밖으로 힘차게 나가서 움직이며 나신의 에너지를 발산하고 집으로 돌아와야 하는 상으로 나뉜다는 것을 우리는 간과해서는 안 될 것이다.

나의 색깔을 두고 누굴 만나랴

상담실을 들어서는 순간 내가 먼저 오금이 저린다. 아 골아픈데…. 부릅 뜬 두 눈은 큰듯하지만 그리 크지는 않은데 자신을 과대평가한 듯 눈을 자신감 있게 뜨고 등장한다. 역학을 많이 경험해 본지라 어지간히 안다는 사람들의 표정이다. 하지만 대부분은 어설프다. 그저 자신이 다 아는 듯한 착각 속에 살 뿐이다. 사각의 얼굴형에 두상은 큰 편이며 이마는 좋은 듯하나 눈썹 윗부분이 약간 들어가 있고 전체적으로 둥근 형이 아닌 이마의 꼭대기 부분만 약간 솟았다. 입은 상대를 보고 말할 때 약간 삐뚤어진 모양새를 취하고 눈은

크게 부릅떠서 덤빌 테면 덤벼보라는 자세를 취하며 거만한
표정을 짓는다. 일단 인사를 나누는데 당장 나오는 말은,

"이거 얼마나 하셨어요?"
"네 본격적으로 한 건 5년 정도 됩니다."
"얼마 안 되셨네. 제 관상은 어떤 것 같아요?"

입은 좌우로 입꼬리가 씰룩 씰룩 움직이며 눈은 계속 확장
한 눈을 하고 말을 이어간다. 말하는 중간중간 눈동자는 위
아래를 순간적으로 희번덕거린다. 약간의 주근깨와 광대가 불
거져 어우러진 상이다.

"어허… 이거 뭐라고 말을 먼저 꺼내야 할지…"
"괜찮아요. 그냥 있는 그대로 말하세요." 한 번 떠들어 보라
는 듯한 표정으로 심사위원 같은 표정을 짓는다.
"네… 그러죠. 그게 본인에게 도움이 될 테니까."

광대는 자신의 주장을 나타내는데 눈은 시건방을 담았다.
턱이 강한 가운데 주근깨가 광대에 나타나고 눈은 상대를 비
웃듯이 쳐다보는 상은 백이면 백 초년엔 고생이요, 중년까지

세상 풍파에 찌들어 꽤나 고생한 흔적이요, 가정은 지키기 어려운 경우가 많다. 마음의 창인 눈이 상대를 바라보기를 비웃는 듯, 싸우는 듯 바라보는 것은 하급의 눈이다. 마음이 틀어져 삐뚤고 심성이 그리 고운 상은 아니다. 상대와 말다툼하기 좋고 구설에 휘말리기 좋으며 배신을 당하기도 좋다. 이 말을 한 후 잠시 숨을 고르며 그녀를 바라보는데 약간은 놀란 듯 당황한 듯한 표정이다.

'나한테 덤비진 않겠지…?'

속으로 약간은 불안하지만 그래도 말을 마저 한다. 입이 말하기 전에 벌어지거나 씰룩거리는 것은 자신의 내면이 허함이요, 화기가 차서 입으로 그 화기가 드나들기 때문이다. 그야말로 내공이 부족하고, 세상사에 시달려 자신의 우울증세가 안면에 그대로 드러나는 것이다. 어찌 보면 색기가 있는 것도 같지만 이런 자들은 화기가 강해 색기보다는 그저 자신을 감추고 화려함으로 스스로를 포장하는 경우가 많은데 속이 허한 경우가 많다. 첫 만남에 안 좋은 소리를 하기는 싫지만 있는 그대로 말했다. 이 모든 현상은 관상에서 말하는 타고난 얼굴이 주는 영향이 다가 아니다. 본인 스스로의 고통이 드러나는 것이요, 바로잡지 못한 마음의 형태인 것이다.

　일단 팔자와 관상을 떠나 마음을 바로잡고 화기 조절을 위해 명상 호흡을 하기를 권했다. 눈은 바르게 뜨고 상대 앞에서 함부로 입을 삐뚤게 하거나 말을 한 후 입을 벌리고 입술을 움직이지 마라. 상대는 본인을 조롱한다고 생각한다. 목소리는 좋은데 약간 허스키한 것이 그렇고 일단 기세를 꺾으려는 듯 행동하는 것은 어설픈 사람에게는 통할지 몰라도 나 같은 사람 앞에선 아무 소용이 없다. 그저 대화의 장을 흐릴 뿐이다. 그제서야 자세를 바로 하고 눈빛을 조금은 가다듬는 모습이 보인다. 어릴 적 자신은 불교에 모태신앙이라 말하는 그녀는 자신이 절이 좋아서 절에 들어가고 싶었다는 말을 한다. 그러다가 어느 스님이 신을 만나라는 말에 방황을 하고 비구니가 되지 않고 28살에 시집을 간다. 이마의 부위에서 28세부터 29세는 이마의 눈썹 윗부분에 해당한다. 초년의 거의 마지막 부분인 이 부위가 그녀는 약간 들어간 상이다. 초년고생의 시작을 알리고 나락으로 한 번은 담갔다가 나오는 지옥훈련 시기에 결혼을 한 것이다. 지금 자신은 약간의 우울증을 앓고 있고 세상의 고생으로 남을 비하하거나 세상을 비관시하는 경향이 강하다고 이야기를 실토한다. 지금은 교회를 다니면서 권사라는 위치에 있는데 목사님의 지적을 가끔 받는다는 그녀, 그나마 그 힘듦을 종교로 승화시켰음이다. 이미 가정은 한 번 깨어졌고 자신이 어떤 일을 하는 지는 말을 따로 하지 않지만 이런 고집은 육체노동부터 시작해 여러 가지 활동성을 보장받은 타입이기에 더 이상 묻지 않는다. 그 부분은 알아서 잘 해나가리라.

자신에게 맞는 남성은 어떤 사람인가를 묻는다. 자신에게 맞는 남성, 일단 남자는 나이가 먹어도 자신이 주도를 하기를 원하는 타입들이 많다. 기 눌려 살길 원하는 남성 있으랴, 일단 겸손을 말한다. 둘째로는 눈빛의 온화함을 위한 마음속 한을 내려놓는 것을 말한다. 셋째는 사회 활동 간에 입에서 나오는 대로 함부로 확정하여 남에게 말하거나 지시해서는 안 된다는 것을 말한다. 특히 이성 간에 대화나 행동 간에 내 주장을 더 강하게 하지 말고 일단은 들어주는 척, 인정하면서 다시 돌려서 자신의 의지대로 살살 진행하는 것이 바람직할 것이라고 말한다. 이런 사각형의 얼굴형을 가지고 약간은 살집이 있는 상들은 사각의 형을 가진 남자나 목형의 남자들을 만나면 남자가 질려서 먼저 바람이 나거나 떠나간다. 수형의 형으로 동글동글하고 사교성이 있으며 약간은 귀여움이 있는 상을 만나는 것이 바람직하다. 자신의 강함을 상대에게 관심으로 돌려 그 에너지가 남자를 살리는 쪽으로 나가게끔 하는 것이다. 정면으로 부딪치며 의견 충돌을 일으키고 입을 씰룩거리며 입 모양이 이랬다 저랬다를 반복하며 언성을 높이고 여장부인 양 행동하지 마라. 그것이 본인이 생각하기엔 자신이 높아지고 수탉처럼 "꼬끼오~!" 하고 외치는 듯이 느껴질지 모르나 여성은 음의 기운이 정상이며 남성은 양의 기운이 정상이다. 여성이 장부답다는 말을 듣는 순간 어지간한 남자는 이 여성의 사랑에 들어오지 않는다. 웅변술은 큰소리친다고 남들이 따라주는 것이 웅변이 아니다. 자신의 성질을 어느 정도는 상대의 스타일에 맞춰주며 이야기를 듣고 끌려도 가고 하는 것이 진정 언변 술사지 그냥 나의 주장을 선거 유세하듯이 내지르는 것이 이성의 욕정을 제로로 만든다는 것을 알아야 한다. 덩치가 크고 얼굴이 각이 져도 충분히 사회활동을 하는 것을 넘어 로맨틱한 사랑을 나눌 수 있다. 여성이 나이가 들면 남성호르몬의 영향으로 남성화가 진행된다고는 하지만 어쨌든 하늘이 내린 성은 여성이 아닌가. 특별한 경우를 제외하고 덩치가 크든 작든 여성은 여성이다. 사랑의 전략, 자기주장이 강한 사람일수록 더욱더 필요한 것이다. 겉은 강하고 속이 허하고 외로워 말썽 피는 남자 붙들고 돈 벌어 바치매 그저 정으로 붙들고 살다가 하다가, 하다가 지치면 마무리하고 홀가분하다를 외치며 소주 한 글라스를 들이킬 것인가.

그렇게 한들 외로움은 사그라들지 않는다. 자기 색깔을 어느 정도는 맞춰줄 필요가 있는 것이다. 처음에만 그러고 나중에 팬티 벗고 나면 달라지는 마음과 행동들, 그 안에서 사랑을 그대로 안고 가는 방법은 자신의 색을 상대에 어느 정도는 맞춰 가는 것이다.

덩치 크고 목소리가 높은가. 고집이 강한가. 세상살이 내가 벌어서 내가 먹여 살릴 무수리 팔자 같은가. 약한 모습을 보여라. 백치미를 활용하란 말이다. 전략이다. 전략을 써라. 미련 떨지 마라. 그대의 강함은 진정 강한 것이 아닌 풍파에 굽은 나무에 불과한 것이다.

우리 애를 사랑해줄 수 있을까 🔍

아이를 내 자식처럼 아끼고 사랑해줄 수 있을까.

이것은 자식과 함께 나온 부모의 입장에서 새로운 배우자를 만날 때 가장 걱정되고 고민되는 부분이다. 아이들이 새로운 부모를 좋아하고 어느 정도 따라주는 것도 중요하지만 사랑은 내리사랑이다. 새로 아이를 데리고 한 가정으로 만들어질 때 내 아이를 친 자식처럼 키워줄지를 살펴야 한다. 인정은 광대를 보고 입술의 모양과 주름을 살핀다. 광대의 형태는 밖으로 불거져 나가거나 적당히 튀어나와도 일단은 인정이 아주 없는 사람이라고는 볼 수 없다. 광대가 나와 적당히 솟고 코보다 약간 높이가 낮은 상태로 입이 적당하게 다문 입이면 남녀를 불구하고 아이들에게 어느 정도의 인정과 애정을 쏟아서 알뜰살뜰 챙길 수 있는 형이라 하겠다. 입술은 크고 두꺼운 쪽이 인정이 많고, 눈도 적당히 온기가 있어야 한다. 코에 살집이 너무 없고 높기만 하면 인정은 그렇게 많지는 않다. 눈에 약간의 살기가 있는 듯이 찢어지거나 가늘게 뜨는 상들은 남의 자식에게 인색하고 미워하는 경우가 많다. 손을 보면 부드럽고 약간은 큰 손이 어질다. 손이 너무 짧고 두꺼우면서 손가락과 손바닥이 뭉툭하면 현실적인 부분에 강해 애정이나 정서적인 면은 약한 편이다. 눈은 안으로 옻칠을 한 듯 빛나고 온유한 빛을 띠어야 한다. 냉정한 눈빛이나 눈이 양 아래로 쳐져 슬퍼 보이는 상, 입이 약간 옆으로 삐뚤어지거나 눈썹이 내리 처지거나 한다면 남녀노소를 불구하고 애정이 적다. 한 여인이 상담을 하기 위해 찾아왔다. 이유는 이 사람과 살려고 하는데 과연 이 사람이 내 아이와 잘 맞는지를 봐 달라는 것이다. 남의 자식, 내 아내가 될 사람이지만 자식까지 품에 안는 것은 쉬운 일이 아니다.

"현재 살고 있나요?"

"네."

여자의 얼굴은 인중이 약간 짧은 연이고 입술은 작고 도톰하다. 소심한 상이며 욕심이 많은 상은 아니다.

"남편분 사진을 보여주세요."

사진 속 남자를 살펴본다. 일단 눈을 먼저 살핀다. 눈이 양쪽으로 찢어진 형태로 은근히 보통 표정에서 나오는 온기가 보이질 않는다. "눈이 찢어진 건 둘째고 눈에 온기가 없네요. 매정한 눈입니다. 입술도 얇은 편인데, 광대도 그리 나오지 않은 것이 그렇게 애한테 살갑게 다가갈 사람이 아닙니다. 애도 정을 주긴 힘들겠지만 같이 살려면 노력을 많이 해야겠습니다." 그녀는 고개를 떨구고 눈물을 흘린다.

'응? 왜 울지…?'

일단 침묵 속에 그녀의 눈물이 멎기를 기다린다.
작은 목소리로 그녀가 말을 꺼낸다.

"그이가 제 아들을 싫어해요. 애가 자신을 아빠로 생각하지도 않고 인사도 안 한다고 그렇게 애를 제 앞에서 욕을 해요. 어떨 땐 둘이 있는 방에서 그 새끼는 놔두고 자기 딸 둘만 데리고 살자는 둥, 쌍욕을 하면서 싫다는 둥 그러는데 제가 미칠 것 같아요."

자기 자식이 있는데 자기 아내가 된 사람의 자식은 싫다? 정말 몹쓸 일이지 않은가. 인정머리가 없어도 어떻게 그렇게 할까. 잠시 입을 다물고 침묵을 지킨다.

"그럼 어떡하실 작정이세요? 그렇게 두고는 못 살 것 같은데, 그렇다고 그 남자, 고치긴 힘들 것 같고, 그러다 애 패기라도 하면 그건 더 큰일이죠?"
"그래서 할머니한테 맡길까 생각 중이에요. 아들도 제가 그 남자랑 사는 거 싫다고 그 남자랑 살면 저랑은 안 살겠대요."

여인은 눈물을 쏟는다.

"네… 그렇겠죠."

나도 눈물이 흐른다. 그래도 앞에서 울지 못해 속으로 운다. 눈시울이 붉어져 눈물이 나올 것 같은데, 한편으론 그렇게 남의 자식을 아프게 하는 남자에게 저주를 걸고 싶어진다. 원하는 것이 성욕을 채우고 자신의 애들만 키워주길 바라는 몹쓸 인간이구나. 그런 작자라면 차라리 다른 남자 구하는 건 어떨까라는 생각도 머릿속으로 해본다. 인간성의 문제, 그냥 사랑이란 말로 자식을 버리라고 한다면 그 사람은 진정 사랑을 모르는 사람이리라 생각된다. 그렇게 이야기를 듣고 간 상담자의 뒷모습을 보며 난 한참을 밖에서 하늘을 바라보았다.

'하늘이여, 어찌 부모도 없이 자식이 홀로 되게 하십니까. 이 세상이 왜 이런 것입니까.'

괜한 화풀이를 하늘에 대고 말해본다.

고부갈등 누구 편을 들어주랴🔍

우리는 결혼을 하기 전부터 맞닥뜨리는 것이 두 집안의 신경전과 고부 갈등이다. 이것이 서로 간에 좋게 가면 참 다행인데 어쩐 일인지 같은 가족이 되면서도 몸에 침입한 세균처럼 저항력을 발휘하여 며느리를 힘들게 하는 집들이 있다. 각종 행동들에 의해 맘에 맞지 않는 행동이나 남편의 행동에 대한 것을 편드는 시어머니에 질리는 며느리도 있고, 그에 대항하여 아주 제대로 남편과 그 시댁 전체를 공격하는 대단한 배짱과 전투력을 지닌 며느리도 있더라. 한 부부가 연구소로 들어온다. 들어오며 인사하는 순간 내 눈에 들어온 것은 여성의 이마이다. '어허… 어찌 저리도 박복할꼬….' 이마가 낮다 못해 아래로 꺼져 들어간 상이다. 옛말에 낮은 이마는 남편을 셋이상 갈아 치운다고 했던가. 다행히 다른 부위는 괜찮으나 이 여성, 눈은 둥근 스타일이나 꼬리가 위로 치켜 올라 간듯하고, 입은 합죽이처럼 약간 큰 반면 앞으로 돌출형이다. 전투적인 태세를 갖춘 눈과 입에 광대는 눈 아랫뼈가 밖으로 불거져 나가니 '어허… 이거 오늘 제대로구나….' 선한 듯하고 정도 많지만 무언가 모를 화가 찬 상이다. 남편의 상을 살피니 눈썹은 약간 굵은 상에 얼굴은 토형에 가깝고, 나이 차가 꽤나 있어 보인다. 성격은 있을 법도 하지만 광대나 턱이 그리 강한 편은 아니며 눈은 먼지 모르게 초조한 기색을 보이기도 하고 지쳐 보이는 표정이다. 이마는 약간 미끄러진 상으로 이 또한 가정적 불운을 암시하는 안 좋은 신호다. 초년고생을 둘 다 어딜 가서 그리했을지 짐작이 간다. 두 부부가 나란히 내 앞에 앉고 인사가 오간다.

"어떻게 이리 멀리 오셨데요? 어 여기 지방분들 같진 않은데 어디서 오셨어요…?"

"서울이요."

"멀리서도 오셨네…. 내가 한창 공부할 때 서울서 몇 년 있었죠…. 난 지금도 광화문 교보문고가 좋아요. 하하. 그래, 뭐가 그리 답답해서 여기까지 오셨을까…?"

생년월일을 받아 사주를 펴고, 얼굴은 이미 봤으나 다시 한 번 둘의 관상을 살핀다.

"일단 여성분은 가정적 결함이 심해서 어린 나이에 결혼했다간 큰코다쳤을 상이고, 공부를 열심히 하면 30대를 지나면

서부터 빛을 꽤나 볼 법한 상이네요, 초년고생을 거름 삼아 발전을 꾀하면 좋을 상인데, 뭐 하세요?"

"네, 그냥 애 보고 있어요."

"그렇군요, 애 보는 것도 힘든 일이죠. 남성분은 성격이 강하고 자기 고집이 은근히 강해서 어디 가도 누구 밑에 오래 붙어 있을 상은 아니니 자급자족하는 일이 맞네요. 운기적으로, 돈을 돕는 쪽이긴 한데, 주변 사람들하고 나눠 먹는 팔자이니 관리 잘해야겠어요."

"네…"

"근데 제가 여성분을 너무 몰라 세우는 듯하지만 남편분이 아내분을 좀 잘 다독여 주셔야겠네요. 어째 표정이 성난 얼굴에 불이 붙은 상이요? 내가 이리 보니 애 보는 스트레스가 심해서 그런가, 어째 심상치가 않아요. 관리 잘해야 돼요. 나이 차가 좀 나는 분들이 결혼했으니 남편분이 잘해 주시겠지만 여자 분은 표정이나 눈빛을 그렇게 가지면 안 돼요. 일 나요, 일 나."

"안 그래도, 요즘 제가 죽겠습니다."

남편이 입을 연다.

"이 사람도 저도 재혼인데… 집사람이 하도 어머니하고 시 댁 식구들하고 난리고 저한테도 아주 별소릴 다 해대니 제가 두 번째에 어린 신부 들여놓고 싸울 작정도 아니고 참… 정말 미치겠어요."

둘 다 재혼이라…

재혼을 하는 분들은 여성이 젊고 예쁘다고 아무나 들이는 것이 아니다. 기본적으로 이마를 살펴야지. 그리고 눈매를 살 피고 입을 살펴야 하는 것이다. 이마가 좋지 못하다면 아무리 좋아도 일단은 보류를 하는 것이 상책이다. 참으로 잔인한 말 이지만 난 경험상으로 이마 낮은 여인네를 신부로 들이는 것 은 반대다. 이마가 낮으면 일부러라도 올려야 한다. 그래서 가 정궁이나 반복되는 재혼의 기운을 어느 정도는 막고 시작하 는 것이 바람직하다. 이마 올린다고 재혼 안 하겠냐만 정신적 으로 노력을 기울이는 것도 의미가 있다는 말이다. 나를 높임 으로 상대를 높이고 맘만 잠시 꽂힌다고 아무한테나 시집가 지 않을 것이기 때문이다.

"남자도 보통이 아닐 텐데, 뭔 욕을 그리 해요? 나이 차도 많이 나는데… 부부끼리 욕하면 되겠어요?"

이 말을 꺼내자 여성은 눈에 쌍심지를 켜고 남편에게 다짜고짜 야자를 튼다.

"너가 너네 식구들이랑 날 아주 나쁜 년 만드니까 그렇지 내가 그냥 그러냐…?"

뭐지… 내가 방금 뭘 잘 못 들었나… 난 순간 드라마의 막장을 눈앞에서 본 듯한 착각에 빠졌다. 뭐지… 이 순간 지나간 언어들은…. 남편은 말을 잊지 못하고 그냥 입을 닫는다. 아 심각하구나. 이 여성의 심리 상태가 매우 화기에 휩싸여서 보이는 것이 없구나. 어지간해선 다른 사람 앞에서 그런 소릴 안 할 텐데….

"아니 진정하시고 뭘 그렇게 잘못 해서 남 앞에서 그러세요… 맘이 많이 다치셨나 본데 일단 진정하세요."

여성은 이미 눈에 난 불을 켜고 식식거리기 시작했다. 큰일이구나, 이런 성격일 줄은 알았지만 이렇게 대놓고 난리를 치다니….

관상으로 찾는 나의 배우자

"그래 무얼 어떻게 했기에 그렇게 그러세요?"

"아니 남편네 식구들이 나한테 뭐라 하고 남편 잘못까지 싸고 돌면서 나를 나쁜 년 만들잖아요."

"네… 그렇죠. 그러니 화가 나시죠. 근데 본인도 어느 정도 뭘 했으니 그러지 그냥 그렇겠어요."

"아니에요, 이것들 집안이 아주 나를 싸잡아서 나쁜년 만들고 한다니까요."

"네, 그렇죠… 남편은 뭐라던가요…?"

남편은 아내가 이런저런 말을 하면 그에 대해서 회피를 하거나 자꾸 자신의 가족들을 변호하고 나선다는 것이다. 그러니 자신이 이렇게 미쳐서 날뛰는 것이라는데, 해도 이건 정도가 지나치다. 걸걸한 목소리에 미릉골이 발달해 정말 고집에 성격이 장난 아니란 걸 알지만 난 이 여인이 '자신의 속마음을 남편이 몰라줘서 이렇게 더욱 분노를 표출하는 것이 아닌가.'라는 생각을 해 본다. 고집이 강한 자는 그걸 인정해 주면 가라앉는다. 더 이상 공격할 대상이 없어지기 때문이다. 일단은 이런 사람들은 인정해 주고 볼 일이다.

"일단 두 분 다 한 번은 이혼을 경험해 보셨잖아요…? 또다시 상대를 바꾸고 싶으세요? 이건 팔자를 떠나서 각자 성격의 안 좋은 부분을 너무 부각시키려고 해요. 그런 기운을 다른 곳에다가 집중해서 소모해야지 서로한테 이러면 또 이혼해요. 그럼 다른 좋은 사람 만날 것 같죠? 천만에요, 가면 갈수록 별 사람을 다 만나게 됩니다. 누가 이런 성격 가진 여자를 받아줘요, 이 화기를 어디 가서 또 풀겠어요. 자꾸 화를 내 버릇하지 마세요, 분노도 버릇이에요. 가면 갈수록 흉폭하게 말하고 행동하게 됩니다. 나 진짜 깜짝 놀랐네… 기본적으로 두 분 다 가정적으로 안 좋은 관상을 타고나셨지만 지금이 표정과 말투, 목소리는 자신이 살아가면서 만드신 거에요. 이마를 성형해서 높여도 이런 형태로는 절대 남편복도 마누라 복도 생기질 않습니다. 일단 여성분은 물을 자주 드세요. 허심탄회하게 얘기한다는 명목으로 술 먹으면서 얘기하지 마세요. 술 먹고 얘기하는 게 뭔 진실이 그렇게 담기겠습니까…? 화만 돋워서 난리나 치지. 술 드시지 말고, 물을 많이 드세요, 목소리와 말투부터 찬찬히 바꾸세요. 남편분은 아내가 과격한 행동을 하면 가만 두시면 안 돼요. '당신 너무 격해졌다. 진정해라. 니 맘 안다.'를 먼저 말해 주세요. 일단 덮어두고 인정하세요."

니 맘 안다, 내가 니 맘 다 안다, 너의 맘 내가 다 안다. 반복하고 또 해도 좋은 소리다. 이렇게 화기가 강한 사람은 모른 척하거나 화내면 더욱더 난리 치기 마련이다. 너무 난리가 나 난 상담하다가 할 말을 잃을 지경이었다. 낮은 이마, 강한 광대는 가정운을 안 좋게 만드는 기운의 대명사다. 거기에 코도 약간 들려 콧구멍이 보이면 더욱 그렇다. 우리는 이런 관상에 대하여 한 번은 잘 생각해 볼 일이며 그것을 알고 스스로 대처해 나갈 방법을 연구해야 한다. 관상은 상대를 보는 것인가, 나를 보고 연구하여 나를 업그레이드 시키는 것이다. 남을 쳐다보면 관상이 아니다. 우선 나를 살펴야 진정 관상인 것이다. 행동은 심상이요, 심상은 몸가짐이다. 마음은 바르게 하고 행동은 이상하게 할 수 있는가. 사람의 마음은 얼굴에 담기며 몸에 담긴다. 타고난 그릇과 기세가 나타난 것이 관상이요, 결국 심상은 그 사람의 몸가짐이다.

바람 같은 남자 🔍

바람이 부는 어느 날 망상 해수욕장 바닷가 커피숍에 앉아 한 여인을 만난다. 고민이 있단다. 무슨 고민이요? 남자가 하나 있는데 정 주고 가버리면 나는 어떻게 하냐는 말이다. 사랑, 정 주고 간 님아, 못 잊을 님아, 야 이 나쁜 새끼야 이런저런 표현을 해도 돌아오지 않는 이런 남자들 덕에 중년 여성들은 가슴에 대못을 박고 눈에 눈물을 달고 다니는 경우가 종종 보인다. 차갑게 휩쓸고 가는 바닷바람보다 더 찬 이 남자들의 뒷모습이란 정말이지 냉정하다. 잡아 볼 새 없이 걸어나가니 붙들어볼 처지도 안 되는 것이다. 남자의 사진을 한 번 살펴보고 한마디 냉정하게 던진다.

"음, 이건 안 돼. 잘 헤어졌어요. 그냥 순정이 조금이라도 있는 사람 만나요. 잘 됐어."
"그래요? 그래도 사람 맘이 어디 그런가요?"
"내가 이런 바람 같은 남자들 생긴 걸 말해줄까요?"
"네."
"한 번 들어 보시오."

가끔 상당히 바람머리가 잘 어울리고 여자의 맘을 휘젓고 아주 쿨하게 놓아주는 마치 잡은 물고기 방생하듯이 하는 남자들이 있다. 무거운 책임감을 거부하고 그들은 가볍고 달콤한 사랑을 취한 뒤 그녀들을 놓아준다. 마치 바람이 나뭇잎을 들어 하늘 위로 올렸다가 다시 땅 위에 내려놓고 언제 왔다 갔냐는 듯이 사라지는 그런 남자들. 중년의 남성들 중엔 이렇게 자유로운 바람 같은 남자들이 존재한다. 낭랑한 목소리와 매서운 눈빛을 한, 하지만 한편으론 귀여워 보이기도 하는 이런 남자들은 여성의 사랑이 깊어져 자신이 더 이상 무게를 감당할 수 없을 때 조용히 내려놓고 사라진다.

적당히 튀어나온 이마에 눈썹 윗부분은 움푹 들어가 27세부터 30세까지의 고난을 겪은 흔적이 훈장처럼 달렸다. 눈은 마치 매의 눈을 보는 듯하기도 하고 반쯤 감은 듯하지만 날렵하게 생겼다. 한편으론 약간 튀어나와 있다. 튀어나온 눈은 이 사람 저 사람을 좋아하기에 안성맞춤이다. 와잠은 주름이 깊고 길게 윗눈보다도 가로로 늘어지고 움푹 들어가니 정력이 다한 상이다. 그저 그런 시원한 바람으로 사랑을 들여와 한 번 여자의 몸을 감싸돌고 '내 가정은 원래 없소이다.'라는 듯이 사라지는 그들은 와잠이 약하다. 귀염성과 돌파력을 갖추고 성격도 갖추었지만 그들은 그녀들보단 자신을 더 사랑하고 얼굴에는 가벼움을 머금어 자유스러움이 느껴진다. 호탕한 느낌이 가득한 그들에게 여성은 빠지기 쉽다. 하지만 여성이 이런 남자들을 오래오래 두고 보려면 이 남자들에게 나의 사랑을 모두 주어선 안 된다. 감당할 만큼의 사랑, 감당할 만큼의 의지, 감당할 만큼의 스킨쉽과 잠자리, 밀고 당기기를 보인다면 어느 정도 그들을 붙잡아 둘 수 있다. 이들에게 눈썹 머리가 얇으면서 갈수록 두꺼워지고 털이 빼곡하게 들어찬 상들은 약간은 미련하고 자신의 뜻이 강해 여자를 맘대로 휘두른다. 하지만 하란 대로 그냥 따라서는 이런 눈썹의 이런 바람 같은 기질에 강한 강풍을 동반한 남자를 오래 머물게 할 수 없다. 한 번은 만나고 싶어도 뒤로 미루고, 한 번은 도도한 듯 먼 곳을 바라보는 시선을 그 남자에게 심어줘야 한다. 일부러라도 한 번은 그가 내 생각하는 모습을 먼 산을 바라보는 모습을 그가 볼 때까지 유지할 필요가 있다.

이런 부류들은 정복욕이 강하고 의지가 강하다. 항상 꽂히는 상대를 찾고 광대가 하회탈처럼 잘 튀어나온 상은 더욱 그렇다. 매의 눈처럼, 집요함과 광대의 의지, 그 기운은 어딘가를 항상 응시하기 마련이다. 그 표적이 항상 내가 될 수 있도록 그에게 달라붙지 마라. 바람은 그저 저 가고 싶으면 가고 오고 싶으면 오는 존재다. 그 바람에 내 맘이 서려 미련이 생기고 "이미 생긴 사랑 어떡해."라며 뒤를 쫓아도 바람은 오히려 매몰차게 뿌리치고 갈 길을 간다. 머리스타일은 말 그대로 반곱슬에 파마를 한 듯한 상들이 많다. 목소리는 딱딱 부러지는 목소리에 깔끔한 맛이 난다. 들러붙지도 내 맘 다 내주지도 마라. 살살 당근을 내밀었다가 들이듯이 밀고 당기지 마라. 알아서 날아 들어온다. 슬슬 밀듯이 대하는 것이 오히려 이들을 잡아두기에 좋을런지 모른다. 원래 바람이란 존재는 피하고 싶을 적에 더 몸을 감싸고 도는 존재이지 않은가. 바람이 간절할 적엔 바람이 없는 듯하지만 바람은 슬슬 거부할 적에 오히려 강하게 생기고 강하게 감싸고 돈다. 명심하라. 바람같이 정 주고 떠나는 남자, 그들은 강한 성격과 약한 정력, 부담을 싫어한다. 뭔지 모를 호기심, 무관심이 이들에겐 적당한 약이다.

서예가 시관 김재구

5장

실패를 맛보는 관상

동업자 선택 함부로 하는 게 아니다🔍

자신이 가게를 하겠다는 의뢰인, 일단 관상을 한 번 살핀다. 이마는 낮고, 눈썹이 농탁하며 눈썹 뿌리가 눈의 시작점까지 파고든 상이다. 미련스럽고 눈썹 털까지 역린이라 하여 털이 거꾸로 서니 이는 사람과의 덕도, 재물의 기운도 그리 맑지 못한 형이다. 어떻게 하면 한탕 칠 궁리나 할 법한 눈썹인 상이다. 코는 어떤가, 코는 그저 일반적인 코에 높긴 하나 준두에 힘이 없이 밋밋하고 양 난대 전위가 약하다. 입은 작고 광대는 밋밋하다.

"음… 장사는 마땅찮은데 그냥, 기술자나 하시죠."

그 사람, 잠시 아쉬운 표정을 짓더니 이미 가게를 계약했단다. 그럼 나한테 뭐하러 묻냐고 묻자 이번엔 동업자를 소개할 테니 그 사람 이름으로 하면 어떠냐고 묻는다. 그 사람의 팔자까지 내보이면서 말이다. 의뢰자가 부른 호프집에서 이 사람과 동업으로 호프집을 경영할 생각이란다. 동업 그것이 어디 아무나 하는 것인가. 나는 사람의 얼굴도 보기 전에 동업이라는 말에 손사래를 쳤다. 하지만 둘이 완강한 의지와 함께

잘할 수 있다는 섣부른 소리에 일단 그 사람을 먼저 쳐다본다. 이마는 미끄러진 이마에 인당에 상처가 나 있다. 눈썹 부위의 뼈는 불쑥 솟아 보통 성질이 아님을 보이는데 눈은 뱀의 눈이라. 약간 튀어나온 듯하며 상대를 볼 때 가끔 위협을 살짝 느낄 수 있는 눈매다. 이런 사람은 성격이 사납고 문서사에 절대로 잘 되기가 힘들다. 원래 친절한 척, 잘하는 척하지만 내 눈엔 보인다, 이 사람의 속마음이. 입은 모양을 갖추었으나 작으니 속은 소심한데 욕심은 있으나 속이 시커먼 상이다. 잘못 하면 교활한 무당이 될 수 있는 상이기도 하다. 기문 둔갑으로 따져서 봐도 18세부터 25세까진 돈을 조금 벌지 몰라도 25세부터 33세까지의 기운이 겁재에 다른 일가 시가 팔문과 직부 팔장의 기운을 따져봐도 천봉. 구천, 사문에 함지까지 발동하니 이건 뭘 해먹질 못한다. 이 시기에 내리막을 제대로 탈 가능성이 높다. 33세부터 42세까지는 편관의 기운이요, 임가을위 축수 도화이니 큰물이 작은 도화의 기운에 희롱을 당하니 이것은 그저 직업이나 전문 기술을 가지고 움직여야지 돈을 벌 기운은 없다. 이렇게 명리와 기문 둔갑까지 꺼내 들고 말렸으나 한 번 하겠다는 사람들은 말을 듣지 않는다. 본인들의 생각에 빠져 전문가의 말도 그저 흘려버리기 일쑤다. 한마디로 나한테 잘될 거라는 말이나 듣자고 날 부른 것이다. 하지만 난 돈을 모으지 못한다는 결론을 지어준다. 이것이 나의 결론이었다.

"어떤 스님이 본인은 물장사를 하라던데…."

그리고 본인의 기가 세서 일반 무당들은 자신의 앞에서 엄두를 못 낸다는 소릴 한다. 세상에 공부 안 하고 사이비 떠는 보살들이 한둘인가. 그 스님도 참 대단하시다. 결국 그들은 가게를 오픈한 지 3개월도 채 안 가 동업자와의 관계가 끝나버리고 말았다. 가게 일에 하나하나 서로 의견이 안 맞아 싸우고 주방을 보던 동업자는 먼저 못하겠으니 혼자 하라고 나가 떨어졌다는 것이다. 이제는 서로 안 본다고 난리며 가게 운영 간에도 말도 못하게 대립을 빚었다. 동업, 그것도 궁합이다. 아무나 붙잡고 동업하는 거 아니다.

주식 투자로 망하다🔍

무더운 여름의 열기가 가시는 가을, 문득 붓글씨를 쓰고 싶다는 생각에 책가방에 먹물통과 벼루, 붓, 화선지를 챙겨 들고 언당골 오래된 느티나무 아래 앉아 잠시 명상을 한다. 30분 정도를 묵상을 하다가 눈을 떠 벼루에 먹물을 붓고 붓을 잡아 성심成心이라는 한자를 창호지에 써본다. 내가 사람들을 볼 적에 마음을 다해 본다라는 감정을 담아, 남녀노소를 막론하고 난 모든 이들에게 있는 모든 신경을 동원해 감정을 한다. 그들도 그들의 사랑, 일에 과연 온 마음을 다할까. 느티나무 아래엔 의자처럼 앉을 만한 바위가 너덧 개 있어 그 바위에 앉아 잠시 하늘을 바라본다. 사람의 마음, 사랑하는 이를 위하여, 돈을 벌어볼 요량으로 우린 얼마나 많은 일과 행동, 시간을 써왔던가. 잘 살기 위해서, 남보다 더 잘살기 위해서든 지금 이 경제 상태를 유지하기 위해서든, 내가 원하는 바를 갖고 하기 위해서 우린 돈이 필요하다. 돈, 버는 방법도 여러 가지 아닌가. 잠시 앉아 명상을 하고 자리를 털고 일어나는 차에 전화가 걸려온다. 중년 남성의 목소리, 굵다란 목소리에 맑은 톤이다. 권위적인 느낌도 묻어나는데 관상을 보고 싶단다. 지금 언당골에 들어왔는데 볼 수 있냐는 말에 그럼 거기선 곳에서 우측으로 보시면 고목들이 늘어서 있는 곳이 보일 것이라며 그곳으로 슬슬 걸어 오시라고 말을 한다. 나와 그가 있는 곳은 걸어 2분 거리, 직선거리로는 100m 남짓이다. 다만 중간에 밭이 있어 길을 살짝 돌아와야 하기에 시간을 조금

잡아먹는다. 남자, 내가 자신이 어디에 있는 줄 알고 설명하니 조금은 놀란 모양새를 하더니 내가 있는 곳을 바라본다. 그리 곤 천천히 콤비 차림에 구두를 신고 슬슬 걸어온다. 난 다시 바위에 앉아 저 남자가 무엇 때문에 왔을까를 생각해 본다.

'뭐 땜에 왔지…? 돈인가?'

잠시 생각하던 차에 남자는 어느새 내 눈앞 작은 커브를 돌아 가까워지고 있었다. 천천히 내딛는 발걸음에 얼굴은 사 각에 이목구비는 그리 크지 않은 상이나 눈엔 기상이 서려 있 고, 약간은 사나운 빛도 은근히 드러난다. 입은 얼굴에 비해 작다.

"안녕하세요."라고 인사하는 나를 보더니 잠시 놀란다.
"전해 들은 말로 어리다더니 정말 어려 보이시네요. 어떻게 이렇게 젊은 나이에 이런 걸 하시게 됐습니까"라며 웃으며 말 한다.
하도 그런 소릴 들으니 난 그저 식상해,
"그러게요. 이게 제 꼴이니 그렇겠죠."라며 자리를 청한다.
"날이 쌀쌀해지는데 이제 건설업 하시는 분들은 슬슬 겨울

나기를 준비하셔야겠어요. 보아하니 어디 건설회사에 다니시는 사장급 정도 되시는 것 같은데, 어떤 일을 하십니까?"

동해에서 콤비 차림에 이 낮 시간에 슬슬 돌아다닐 사람이 몇이나 되겠는가. 얼굴형은 금형이니 이는 강한 직업에 걸맞다. 그럼 결국 건설 말곤 없다. 남자는 잠시 흠칫 놀란 기색을 하더니 웃으며 어떻게 아느냐고 되묻는다.

"제가 한 번에 그 정도 판단 못 하면 여기 이러고 있겠습니까? 어디 나가서 다른 거 하지."라며 웃으며 답한다.

헛웃음을 보이던 남자에게 본론을 묻는다.

"무슨 일로 오셨습니까?"

주식을 투자했는데 손실이 난다. 이걸 앞으로 기다릴지 말지를 고민이라는 질문이다.

"주식, 큰돈입니까?"
"예."

"억 단위입니까?"

"예."

"당장 빼십시오."

단답형으로 끝난 나의 말에 남자는 순간 당황한다. 그리곤 하늘을 한 번 보더니 한숨을 내쉬고 고개를 한 번 땅으로 떨군다.

"오백 년은 된 이 느티나무 아래서 돈 얘기를 하니 한편으론 내가 민망한 노릇이지만 사장님은 그렇게 거재를 한 번에 잡아먹기엔 투기성의 기운이 얼굴에 없습니다. 어디서 정보를 얻어서 하셨는지 모르겠지만 사장님의 코에 이미 불그스름한 빛이 돌고, 코가 그렇게 재복 있는 코도 아닙니다. 주식, 그냥 전문가가 정보 좀 주면 그걸로 한탕 치기 하실 줄 알았죠? 그릇이 아닙니다. 하늘의 뜻이 사장님의 그릇이 그렇게 몇억씩 한방에 투기성으로 갈 상은 아닙니다. 그냥 열심히 사업하시면서 꾸려나가시는 게 어쩌면 차라리 낫습니다. 더 손해 보시기 싫으면 관두세요. 후회하실 겁니다."

"왜 그렇습니까?"

"사장님은 원래는 이마가 넓고 얼굴이 사각지니 이건 직장에 걸맞은 얼굴이요, 일단 기본적으로 이목구비가 얼굴에 비해 작습니다. 그리고 얼굴 전체에 구설을 뜻하는 불그스름한 체했을 때 나오는 탁한 빛이 돕니다. 입이나 코가 크면 한 번 기다려 보라고 하거나 얼굴빛이라도 환하게 밝아서 안색이 뛰어나면 힘내라고 말하겠는데, 이건 아닙니다."

착잡한 표정이다. 고집이 강하고 본위가 강한 상이다. 그렇기에 난 한 번에 잘라 말한 것이다. 이런 사람에게 약하게 말하거나 조심스레 말하는 건 신뢰를 주지 못한다.

강한 것은 강하게, 약한 것은 부드럽게, 사람에 따라 바뀌는 것이 나의 처세다.

강하다고 무조건 싸울 기세를 말하는 것이 아니다. 위엄을 쓰는 사람에겐 위엄으로, 의문과 약함을 쓰는 사람에겐 그와 같은 어조를 씀으로써 상대와 동화하고자 하는 나의 행동이다.

안 그래도 손해가 상당히 났는데 혼자만의 자본이 아닌 다른 사람들과의 공동 투자식으로 접근했다는 사장님의 말을 듣고 나도 한숨을 내쉰다.

이 사람은 얼굴에 비해 이목구비가 작은 것도 흠이지만 광대가 약하다.

눈썹이 강하고 광대가 없거나 약하면 사람의 덕을 크게 보긴 힘들다. 선택의 실수다.

그렇게 짧은 시간 이야기가 마무리 지어진다. 책가방을 뭣하러 들고 왔냐는 그 남자의 말에 가방에서 쓴 성심成心이라는 글을 쓴 종이를 내어 보인다.

"아 잘 쓰시네요. 하하."
그냥 "아직 멀었습니다." 라며 웃어 보이곤 다시 종이를 말아 가방에 넣는다.

사람의 마음을 다해 하는 일에도 실패가 따른다. 주식, 그야말로 온갖 마음을 다해 하는 일이지만 어찌 보면 가장 쉽게 박살이 날 만한 분야가 아닌가라는 생각이 든다.
성심을 다해 행하는 행위도 각자의 그릇에 맞게 해야 하는 것이 아닐까.

개인 사업을 망하다 🔍

"안녕하세요?"라며 반가운 얼굴로 들어오는 한 남성, 날 아는 눈치다. 난 순간 기억이 안 난다. 남자가 이런 곳에 오는데 날 아는 듯한 반가운 얼굴 언제 왔다 갔지?

　　　　　　　　　　　　관상으로 찾는 나의 배우자

"저 기억 하세요?"

"네…? 글쎄요. 워낙 사람이 많이 다녀가서."

"하하 저 군인이었잖아요, 식당 한다던."

"아 그분… 근데 어떻게? 제대했어요?"

남성의 얼굴엔 사회물을 먹은 기운이 감돈다.

"네."

"음… 고생 좀 했겠는데… 내 말 안 들었네…?"

남자 그냥 웃는다.

3년 전의 일이다. 때는 경인년, 젊은 남성이 방으로 들어온다. 어깨는 벌어지고 덩치는 좋은데 얼굴은 갸름한 상에 이마가 낮은 편이다. 관대는 적당히 솟은 편인데 이마 빼고는 그럭저럭 좋은 상이다. 눈썹부터 시작해 눈도 맑고 코도 좋다. 입도 각궁을 엎은 듯이 좋은 상, 순진해 보인다. 마치 군인인가라는 생각이 든다.

"어떻게 오셨어요?"

"네, 아는 분이 제가 제대하고 사업하려고 한다니까 가보라고 하셔서요."

"사업이요? 지금 몇 살이시죠?"

"제가 내년이면 27살입니다."

"전엔 뭐 하셨는데요."

"군인이었고 이제 제대합니다. 제대해서 내 장사 해보고 싶어서요."

갸름한 상이나 군인답게 눈이 빛난다. 딱딱한 말투와 몸짓, 기술이 어울리는 상인데, 아주 장사할 상은 아니다. 특히나 이마에 아직 걸린 운은 이마가 중간이 들어앉아 고생길을 상징하는데 장사라, 미쳤군, 미쳤어. 난 속으로 이렇게 생각하며 말을 꺼낸다.

"장사하는 사람은 일단 코가 좋아야 해요. 본인은 코는 좋아요. 눈도 좋고. 근데 아직은 때가 아니야. 군 생활이 꽤나 고생이고 힘들고, 선임들한테 갈굼 당하고 야간 근무서고 맨날 똑같은 일상의 반복 같고 해서 지겹죠? 부사관이라는 직업이 이제는 꽤나 각광받는 직업인데 그냥 장기를 신청해서 군에서 자신의 빛을 내보는 건 어때요?"

관상으로 찾는 나의 배우자

아… 라는 말을 하며 뭔가 맘에 안 드는 소리가 나왔다는
듯 고개를 왼쪽으로 돌렸다, 하늘을 봤다가 하며 눈을 마주치
지 않는다.

"장기가 안됐구만?"

"네."

"복무연장 하면 되잖아요."

"싫어서요…."

진급은? 밀렸나? 그의 이마 너무 낮다. 군복이나 제복 입은
사람이 이마가 낮으면 어지간하면 밀린다. 죽어라 공부해야
진급에서 안 밀리는데, 요즘은 전직 군인 출신들이 재입대를
선택하는 바람에 민간 자원의 진급이 뒤로 밀린다는 것을 난
잘 알고 있다.

"자존심 상해서요? 재입대하는 사람들은 자네보다 더 자존
심 버리고 다시 들어온 사람들이에요. 필사적이죠. 그리고 진
급이나 장기가 좀 늦어도, 나이가 든 후에 다시 시작해 봐요.
아직은 때가 아니에요. 잘못하면 망합니다. 그럼, 남는 건 빚
이요, 명찰엔 신용불량자라는 딱지가 붙어요. 젊은 나이에 실

패를 한 번쯤은 경험해도 된다곤 하지만 요즘 세상은요, 망해서 신불자 되고, 카드 못 쓰고 빚 갚느라 어디 변변찮은 직장 들어가면요, 결혼 못 해요. 결혼도 안 했잖아요? 젊으니까 일어설 수야 있지, 근데 사람이 제대로 한 대 얻어맞으면 주눅이 들어요. 세상에 주눅이 들면 다시는 어떤 걸 해보려는 의자가 사라지고 자신이 세상의 실패자, 낙오자로 보여요. 그 감정이 정말 감당 못 할 만큼 치욕스럽고, 몸 둘 바를 모르게 만듭니다. 그래도 할 거에요? 그럼 못 올라와요. 뭐가 있어야 올라오지. 빚 갚다가 인생 다 보낼 판인데, 신불자가 직장 어지간한데 들어갈 수 있어요? 뭔 장사 하려고요?"

"제가 음식 만드는 기술 배워서 식당 하려고요."

"식당…?"

"군 출신들은 자존심이 강해요. 음식장사? 손님이 내 밑으로 보일 텐데? 손님이 이거 달라 저거 달라, 술 먹고 한 번씩 깽판 피우면 참을 수 있겠어요? 내가 봤을 땐 지금 본인으론 못해요, 군 생활 더 해서 훌륭하게 임무 완수를 하세요. 나라가 당신을 나가라고 하진 않을 겁니다. 지금 힘들 시기여서 진급 늦고 장기 늦어도 다 돼요. 진심으로 하면 나라가 버리지 않아요."

"알겠습니다." 한마디 말하고 가는 그 남자에게 난 한 번 더

외쳤다.

"절대 포기하지 마, 당신 멋진 군인이잖아! 나가면 안 돼!"

그렇게 끝까지 말렸는데 나오셨구만. 이 남자. 군 생활을 접
고 사회에 발을 딛자마자 이마의 들어간 시기에 걸려 죽을 고
생을 했단다. 가게를 하는데 나라에서 대출지원을 하니 그것
까지 빌려 썼다가 결국 갚지도 못하고 신용불량자가 됐다. 그
러곤 건설 현장을 떠돌며 일 년을 굴렀단다. 세상사에 많이
찌든 얼굴이다. 의지만으로 그렇게 되는 세상이던가. 그래도
눈빛은 살아있는 그 남자에게 말한다.

"조금만 참고 해 봐요, 내 팔자를 보니 그래도 지금부터 열
심히 뛰면 해볼 만 하겠네. 당신, 눈하고 코가 참 좋으니 한
번 이제라도 뛰어봐요."

빚이 무겁고 갚다가 갚다가 지쳐 우울하다는 그 남자에게
난 그저 아무 말 없이 들어주는 일밖엔 할 게 없더라. 사람의
그릇과 선택, TV에서 광고에서 잘사는 사람들만 나온다고 세
상에 잘사는 사람만 있고 잘 되는 건 아니다. 잘되는 사람, 그
건 빙산의 일각이다.

자신의 그릇을 알고 움직여야 할 때이다.

남편을 죽이고 싶다 🔍

과거부터 현재까지 남편은 마마보이에 나는 그야말로 가사
도우미에 애 낳는 기계였다. 나이가 50이 넘은, 아이들이 다
커서 각자 독립한 한 여성의 말이다. 사무친 원한, 그것은 과
거와 현재를 엮어 빠져나올 수 없는 덫처럼 그녀를 옭아매고
있었다. 콧날이 높이서고 입은 큰 입에 이마는 그럭저럭 괜찮
다. 눈도 약간 긴 형에 얼굴형은 금형이다. 사각진 얼굴에 콧
대가 높고 살집이 없어 더욱 높아 보이니 그야말로 고고한 한
마리 학처럼 보인다. 코가 높은데 광대가 낮고 눈이 약간 들
어간 상은 주변에 사람이 적고 외롭다. 강한 활동성을 지니기
보다는 한자리에서 하는, 적당한 범위 내를 움직이며 하는 일
이 맞다. 이 여성은 그렇게 격이 낮은 상도 아니고 다만 성격
이 좀 있고 자존심이 강할 뿐이다. 이 여성은 왜 가정에서 시
어머니를 미워하고 남편을 그리도 미워하게 됐을까. 남편의
사진을 보자고 하니 보여준다. 남자의 상은 금형에 약간 '임금
왕' 자를 그리는 형이다. 눈은 삼각 눈으로 자신의 주장을 강

하게 펴고 광대와 전체적인 얼굴이 강하게 발달하니 고집이 강한 상이다. 아내도 강하고 자존심과 성격이 있는데 남편은 그보다 더하니 아내가 남편에게 이기질 못하고 그대로 나이가 들 때까지 당하고 산 것이다. 이마는 낮아 거의 일자형이고, 이마에 일자 주름이 하나 강하게 중간에 위치하고, 그 위로 잔주름이 여러 개가 있다. 법령선이 또렷하며 콧대는 그리 높은 콧대이기보다 약간은 낮은 듯한 주먹코인데 얼굴형이 크면서 턱선까지 연결된 형이다. 보수적인 성향의 이 남자, 사업을 하는 것은 좋으나 남의 말을 들을 줄 모른다. 고집으로 함정이 있어도 돌진할 상이다. 사업상의 우직함은 좋지만 투자를 전문으로 할 스타일은 아닌 것이다. 이유는 어느 정도 약은 면이 있어야 되는데 그것이 부족하기 때문이다. 입은 얼굴에 비해 작고 입 아래 턱은 뭉툭하니 팽이턱이다. 코 뿌리가 낮게 꺼지는 형태가 있어 39세를 넘어 41세 중에 한 번은 사업에 실패한 상이다. 사업의 실패는 여성의 기본 생활 패턴을 무너뜨리고 그동안의 경제적 활동의 폭도 좁게 만든다. 남자가 제대로 된 사냥꾼과 울타리 역할을 못 하면, 그러면서 아내에게도 제대로 하지 않는다면 여자는 사랑이 사그라든다.

　나이 먹기 시작하면 일단은 돈이다. 돈이 없어서 기본 생활이 어려워지는 순간부턴 사랑이 눈에 안 들어오는 것이 요즘 세상이다. 안 그래도 맘에 쌓인 게 많은데 돈도 없어봐라. 어느 여자가 집에 붙어 있고 싶겠는가. 와잠궁은 어두운 빛을 띠고 어미간문을 포함해 전체적으로 어두운 색이 돌고 어미간문이 꺼진 듯하니 가정의 풍파가 예상되는 얼굴, 가정의 불길함을 나타내고 전체적인 얼굴에 어두운 빛이 도니 이는 하는 일이 잘 되지 않음을 나타낸다. 일명 기채라고 부른다. 얼굴색의 어두운 부분이 탁하게 작용하는 것, 하는 일이 절대 잘 될 수 없는 기색이다. 사각과 사각, 강함과 강함의 만남은 젊을 적엔 잘 모르지만 나이가 들면서 서로의 주장이 강해 깨어지기 쉽다. 어느 한쪽이 차라리 조금 약한 것이 좋다. 아니면 서로 간에 받아줄 만한 형상이 좋은데, 이 남자와 여성의 상은 여우와 곰의 싸움이다. '여우이니 남자에게 좋지 않으냐'라고 말할 것도 같지만 미련스럽게 자신만을 생각하고 아내에게 맘에 드는 대우를 해주지 않으면 아내가 맘이 상했는지 발악을 하는지도 잘 모르는 경우가 많다. 어느 정도는 배우자의 상태를 알고, 이해하고 개선해야 하는데 이런 상은 그런 걸 모른다. 그러니 여우 같은 여성은 같이 있는 시어머니에게까지 없던 화살이 생기고 죽어라, 빨리 이혼해줘라, 온갖 발악을 하면서 자신의 고통을 토로하는 것이다. 살집이 없으면서 코가 강한 여성은 턱이 강할 경우 화를 낼 때 꽤나 신경질적이고 상대에게 찌르는 듯한 데미지를 입히는 말도 서슴지 않는다. 하지만 워낙 이 남자는 턱과 전체 얼굴이 강하고 눈이 삼각의 형을 취해 남의 말은 그냥 무시해 버릴 수 있는 그런 상이다. 그런 남편에게 아내는 '자신은 자식 낳는 기계에 파출부였다.'라는 말을 던진다. 아내의 마음을 몰라주면서 자신의 뜻대로 가정부터 모든 것을 밀어붙인 것이 여자의 가슴에 한을 심었다. 안타까운 노릇이다. 그렇게 강한 성격으로 아내를 괴롭힐 상은 아닌데 무관심과 자신의 뜻을 내세워 또 다른 데미지로 아내에게 고통을 심어준 꼴이 됐으니 어찌 보면 조율이 잘 될 법도 하지만 이런 큰 얼굴에 전체 부위가 큰데 입이 작은 사람은 속이 생각보다 좁고 도량이 작다. 거기에 입꼬리가 약간 아래로 처진 상은 자기가 받을 줄만 알고 남에게 주는 것도 잘 못한다. 골 아픈 노릇, 이런 덩치를 움직이는 방법은 강하게 난리를 치는 것이 아니다. 살살 꼬서서 오도록 노력을 하든가 아니면 그냥 포기하고 수긍하는 수밖에 없다. 그녀, 신경을 많이 써서인지 얼굴이 수척한 것이 얼굴에서 코와 눈썹 뼈만 남고 바짝 마른 상이다. 얼굴빛이 어두침침하니 건강의 이상 신호가 보인다.

"아이고, 일단 싸우는 건 나중에 하시고, 몸 관리나 잘하세요, 안 되는 걸 어쩝니까. 그냥 살아야지…."

　그녀가 안타깝기도 하고, 그녀 맘 몰라준 남자가 조금은 밉
기도 하다. 사랑해서 시작한 결혼 생활이 나이 50이 넘어 인
생의 보상이라도 바라듯 난장판이 되는 세상, 뭐가 잘못된 것
일까… '일단은 돈이고, 다음은 서로의 맘을 인정하지 않는
것에서 비롯된 것이 아닌가'라는 생각이 든다. 마음의 인정,
이것은 참으로 쉬우면서도 어려운 노릇이다.

　　　　　　　　　　　　　관상으로 찾는 나의 배우자

6장

상대와 나의 궁합 보기

체형별 궁합 관상의 궁합 🔍

마른 체형에 마르고 긴 얼굴형, 이마는 그럭저럭 좋은 편이나 코도 뾰족하며 마르고 입은 그리 크지 않은 상이다. 언젠가 길에서 애인을 소개하며 나와 결혼할 사람이라고 말한다. 이 손님의 상은 목상이다. 전형적 목상으로 한 분야에 오기 있게 몰두해 가는, 직장의 기운이 가득한 목상, 손은 마르고 가늘며 손가락 사이의 틈이 벌어져 돈 모으는 방법을 일번 저축과는 다른 방법을 써야 한다. 손님의 아내가 될 분, 여성은 사각의 턱을 가진 금형의 얼굴, 잘 나온 광대뼈에 입은 각이 좋고 이마가 훤한 게 아주 냉면 그릇을 엎은 형이다. 여자의 이마가 넓으면 좋으나 너무 넓어 과하다 싶으면 그것은 남편의 운을 막는 데 일조한다. 그래도 일단 둥그스름하니 좋구나. "우와 맏며느리 감이구먼…"이라며 일단 칭찬을 먼저하고 들어간다. 하지만 난 내심 고민이고 걱정이었다. 가정사에 있어서 연애사에 있어서 기본적으로 남자가 힘을 발휘하여 여성을 감싸고 파워를 드러내는 것이 일반적인데 여성의 형상이 남자인 목상을 깨는 금형이니 이는 내가 보기엔 맞지 않는 모험과도 같은 일이다. 여자의 고집과 주장이 강하면 자존심 강하고 성질이 외곬수 같은 남자에겐 독이 될 수 있다. 이미 불이 붙어 결혼하겠다는 그 여인을 두고 내가 무어라 말을 건넬까. 할 말은 없다. 그저 그렇게 바라만 보고 있었다. 사랑의 힘은 위대하지… 그리고 여자가 어리니까 괜찮아. 며칠 뒤 그 연인은 나를 찾아와 결혼 날짜를 잡아달란다. 그래, 날짜를 잡아주지, 날을 정하고 사주를 보고 얼굴을 보며 말을 건넨다.

"여성의 고집이 강하다. 주장도 강하다. 남자가 약간은 우유부단한 면이 있어서 좋을 수도 있지만 강한 기운이 너무 뻗쳐 한 쪽을 잘못 치면 그것이야말로 남편복을 둘러엎는 격이네. 손님 이마가 좋고 눈빛도 좋아 남편을 살릴 상이나, 자칫하면 되레 남자를 둘러메칠 상이란 걸 기억하세요. 내 여자는 이마라고 소리를 치고 다니지만 이마도 이마 나름이고 상대도 상대 나름이여. 그 광대에서 나오는 주장력을 다른 곳으로 돌리고 손님은 남편에게 어느 정도는 순종하며 살아야 가정을 지키고 남편복을 누릴 겁니다."

남자에게는
"당신은 말랐으니 살을 찌우세요. 너무 버쩍 마른 상태로 저 약간은 무거운 여인을 안을 수 있겠습니까? 성질이 급해서 화기가 발동해 마르는 겁니다. 맘을 누그리고, 와이프 될 사람이 말하면 어느 정도 수긍하고 살아야 할 겁니다. 손을 보니 손가락이 굵어 사이가 뜬 모습이 돈을 너무 쓰는 구조이니. 결혼을 하거들랑 마누라에게 맡기십쇼. 고집 빼기 쎄서 남편이 들어 움직일 상은 아니니 스스로 움직이게 살살 구슬려가며 살아야 합니다."

내심 걱정 반 불안함 반, 거기에 어쩌지 하는 동동거림 약간을 섞어 각자의 위험한 행위들을 나열해줬다.

"음 그럼 우린 이런 행동을 하지 말란 거죠?"

잘 나온 광대를 들이밀며 눈을 앞으로 내밀며 이기려는 듯 나를 향해 말을 건넨다.

"네. 지금처럼, 얼굴을 내밀듯이, 눈을 위에서 아래로 보듯이, 광대를 앞으로 내밀듯이 하는 버릇은 고치세요. 그것이 본인의 남편복을 깎아 먹는 주범이 될 테니 말입니다."

그렇게 둘을 보내고도 난 한편으론 걱정이고 한편으론 사랑의 힘을 믿으며 기도했다. 내가 잡아준 결혼식 날 가서 잔치 국수를 먹기를.

날짜가 다가와도 결혼 소식은 없고, 아무런 말이 없다. 왜 연락이 없을까. 알아보니 파혼했더라. 안타깝지만 차라리 잘 된 것일런지 모른다. 그렇게 시작을 안 하는 것이 나중에 자식 낳고 아이들까지 지옥으로 끌고 들어가지 않아 다행이라 난 안도의 한숨을 내쉬었다. 여자가 양을 발산하는 것은 자연적으론 비정상적 행동이다. 턱이 강해 약간은 주걱턱에 가까우면 남자가 둥그런 것이 낫다. 같이 턱이 강하거나 목이 짧거나, 마른 상이면 어찌하지를 못해 이 여성이 아무리 남편복이 뛰어나도 소용이 없다. 안타깝다. 인연이여 사랑이여, 어느 정도 맞는 상대를 골라 만나고 사랑의 불을 지펴야지. 그저 눈에 보이는 대로 느낌대로 가기엔 이 세상은 너무도 변화가 심하다. 턱을 깎아 남편복을 세우랴. 광대를 깎아 남편복을 살리랴. 그저 마음, 나의 행동을 한 번 더 살펴봐라. 내 맘속 그 마음자리를 말이다. 오늘은 비가 온다. 장대비가 쏟아져 닭장에 수탉도 나오질 않는 이 날씨에 아침부터 암탉 한 마리가 앞뜰에 나와 구구 거리며 하늘과 주변을 관조한다. 수탉은 어디 가고 네가 나왔느냐. 네가 벼슬이라도 달고 꼬끼오 울음소리 한 번 크게 울어 볼라냐. 난 그저 네 닭털 젖어 알을 품지 못할까 그게 걱정이구나. '고거 참 맛있겠네'라는 생각이 들면서도 그렇게 비를 맞고 당당히 서 있는 닭을 보니 참 어이가 없다. 비가 내린다. 닭장에도 내리고 온 나라에 비가 내린다. 오늘은 어디서 오행의 기운들이 서로를 부딪치다 합쳤다가 반복하며 세상살이를 흔들고 있을까. 나는 잠시 창밖을 바라보며 세상을 관조한다.

배우자 농사 인생농사
사랑의 시기를 보는 법

손목과 발목을 다쳐 병원에 입원을 했다. 환자복을 입고 하늘하늘 걸어 다니니 이 사람이 저 사람 같고 내가 정말 환자가 된 것처럼 보이더라. 그중에 눈에 띄는 여인 한 명을 소개한다. 짧은 단발머리에 나이는 40대 중반, 예쁜 얼굴인데 먼지 모를 슬픔이 보이고 세상 풍파를 맞아 그런지 얼굴이 남성의 느낌이 풍긴다. 참으로 신기하지 않은가. 예쁘면서도 남성의 분위기가 풍긴다는 것이, 이 여인 분명 세상 풍파 맞은 흔적이 역력하다. 그녀에게 다가가 말을 걸어 본다.

"안녕하세요, 제 명함인데요, 혹시나 도움 되실까 해서 드릴게요."

"아 네…."

명함을 보더니 놀란 표정을 짓는다.

"젊은 분이 얼마나 하셨데요?"

"네 7년째입니다."

"아 그래요? 어디가 아프셔서 오셨어요?"

"위궤양이 많이 생겨서…."

"아 그렇군요. 스트레스 많이 받으셨나 봐요."

"그렇죠…. 담배 한 대 펴도 되죠?"

"네 피세요."

담배 한 대를 문 그녀의 손짓이 꽤나 자연스럽다. 언제부터 피운 건지 예상이 될 정도다.

"여기 남편복이 있는데…."

명함을 보며 말한다.

"네."

고개를 돌려 그녀를 한 번 본다.

뭔지 모를 아쉬움과 슬픈 빛을 짓더니 '나는 어때?'라는 말을 던진다.
잠시 그녀 얼굴을 다시 본다.

"음… 그냥 말해도 돼요?"
"그럼, 그냥 편하게 말해요. 그래야 고치지."
"초년에 남자 잘 못 만나면 아주 고생할 상. 남자를 만나는 시기는 30대 중반이 좋을 것처럼 보이네요."
"음… 그렇구나…."
"어릴 적에 만나면 제가 봤을 땐 좀 힘들죠. 정말 정말 노력하거나 좋은 남편 만나면 모를까."

그녀 하늘을 한 번 올려다 보고 웃는다. 그리곤 한숨을 내쉰다.
담배 연기와 섞인 한숨이 하늘로 오른다.
하늘을 바라보는 그녀의 눈빛, 눈동자엔 눈물이 맺힌 듯 젊은 날의 소녀처럼, 과거를 회상하듯 맑은 듯 흐린 듯하다.

관상으로 찾는 나의 배우자

"내가 이혼했을 거 같애요?"

"네. 두 번 정도…."

"아하하" 하면서 뒤로 넘어질 듯이 웃는다.

"삼촌 잘 보시네… 어떻게 그렇게 안대?"

"이미 어릴 적에 고생스러워 남자한테 기대어 살까 하고 기대 보셨잖아요. 그러다가 넘어지는 여인들이 어디 이 나라에 한두 분입니까. 그런 사람 천 명은 만나고 왔어요. 이모는 참, 감성이 풍부하셨겠는데, 어떤 남자인지, 안타깝네요. 무조건 남자 문제겠냐만 옛날엔 남자들이 힘들어서인지, 어째서인지, 아내를 그냥 두는 분들이 적더라고요…. 그래서 전 여자가 이렇게 얼굴에 세상살이가 묻어나면 맘이 아파요. 우리 엄마도 그렇고…."

난 잠시 고개를 숙여 눈물이 나는 것을 참아본다.

"세상살이 하는 아빠들의 고충이 대단하죠. 그땐 먹고 사는 게 전부였던 시절이니까요. 여유롭지 않던 그 시절에 그야말로 냉혹한 사냥꾼의 기질을 가지다 보면 돈만 사냥하는 게 아니고 다른 여자도 사냥감에 들어오게 마련이겠지요."

"맞아요, 나 남편이 바람 펴서, 그래서 이혼했지 뭐… 바람… 내가 언제 결혼했으면 잘 살았을까?"

그 이모, 타임머신이라도 있다면 타고라도 돌아가고픈 심정인가 보다. 지나간 사랑을 그리는 그녀의 눈빛, 그녀를 뒤로하고 냉정하게 걸어갔을 그 남자의 모습이 내 눈에 펼쳐지는 이 느낌. 그래, 사랑의 농사, 이 시기는 언제 해야 도대체가 그나마 제대로 살아갈까. 이마가 낮으면 30 이전엔 사랑만 하고 결혼은 말아라. 그때는 힘들어도 수련의 시기라 여겨라. 힘들다고 기대다가 몸 주고 맘 주고 그냥 빠져서 결혼하면 망한다. 사랑은 한순간이고, 고통은 평생이더라. 사랑이 지나가는데 왜 상처는 남아 있는 걸까. 눈이 들어가 눈두덩이가 낮거나 눈이 움푹 들어가면 그전에 30대 중후반의 고생을 준비해야 한다. 미리미리 벙커를 만드는 것이다. 광대가 눈 밑에서 밖으로 뻗어 나가거든 40대부턴 사회 활동을 해라. 대신, 집 안에선 남편에게 많은 것을 바라지 마라. 턱이 강한가, 그 고집으로 취미를 강하게 키워라. 억척스런 모습을 돌려서 전문직과 전문적인 취미를 가지면 된다. 남편에게 그 열정을 담아

응원가를 불러줘라. 있는 것 없는 것 따지는 버릇이 들어선 안 된다. 인생의 사랑 농사. 사람의 얼굴마다 다르다. 내 얼굴에 맞는 남자 찾기, 이마에서 광대까지 살펴서 언제 결혼의 씨앗을 뿌릴지 한 번은 살펴볼 일이다.

당신의 맘
깊이에
빠져
헤엄 칠때가
가장...

서예가 시관 김재구

7장

상처를 그리면 아프다

이마를 높이고 코를 좁게 깎지 마라🔍

　사람은 기본적으로 관운과 복운, 초년의 형세를 보는데 이마를 따진다. 이마가 좋은 사람은 일단 반은 먹고 가며 단체의 장이나 동네 이장이라도 해먹는다는 말이 있다. 그만큼 머릿골에서 이마는 나의 명함이요, 복록의 시작이다. 여기에 눈이 좋으면 더욱 금상첨화인데 특히 여자는 이마가 좋아야 한다. 요즘은 이마를 살리는 것이 기본적 수술에 들어가는 분위기다. 하지만 이마를 살리는 것도 어지간히 해야지 얼굴의 조화를 깰 정도로 이마를 높이 솟아 올리면 그것은 반대로 불행의 씨앗이 된다. 어떤 것에 빠져들기 시작하면 한 번이 힘들지 두 번 세 번은 쉽다. 이로 인해 성형수술의 늪에 빠져 과도한 수술을 하다보면 부분적으로는 아주 뛰어나 보일지 모르나 얼굴의 평수에 따라 가져야 하는 범위를 침범하고, 서로 자신이 잘났다고 외치는 상이 되어 조화가 깨지면서 인생도 깨지는 것이다. 가장 보편적인 예는 이마를 너무 넓고 높게 올리면 얼굴은 작은데 이마가 얼굴의 반을 차지하게 되고 그로 인해 눈썹의 모양새가 일자형이 만들어지고 내려앉은 듯한 형이 된다. 이마가 눈썹을 누르고 그로 인해 눈이 눌린 형으로 변하는 것이다. 눈의 눈초리가 아래에서 위를 바라보게

　　　　　　　　　　　관상으로 찾는 나의 배우자

되고 자신은 바로 본다지만 기의 흐름이 망가져 자신의 정신까지도 망가지거나 흐려질 수 있음을 알아야 한다. 정신적인 혼란, 우울, 너무 과하게 나온 이마는 41세를 시작하는 코 뿌리에서의 급경사를 만들어 낼 수 있다. 급경사, 한마디로 잘 나가다가 한순간 썰매 타듯이 내리박히는 운을 인위적으로 만들었다고 볼 수 있는 것이다.

사람의 의지만으로 세상의 모든 일이 되진 않는다. 성형 수술에서 이마는 중요하다. 이마를 성형하지 말라는 것이 아니다. 자신의 얼굴의 조화를 맞춰가며 성형을 해야 자신의 기운도 살리고 인생도 펼쳐지는 것이다. 관상, 어떤 이는 관상보다는 심상이라고 말한다. 하지만 난 그렇게 생각 않는다. 관상에 마음이 드러나고, 그것이 결국 심상이다. 눈을 보면 사람의 마음이 보인다. 마음과 관상이 다르다고 말하는 것은 관상이라는 것을 비하하기 위한 하나의 말장난일 뿐이다. 자신의 얼굴을 보라. 관상은 조화다. 하나만 특출난 것보단 조화를 이루는 것이 더 중요하다.

- 갸름한 턱의 소유자가 이마가 얼굴의 반 이상을 차지할 정도로 넓고 높이 올리면 그만큼 눈이 차지하는 비중과 얼굴의 기둥인 코는 약해질 수밖에 없다. 이마가 코를 향

해 조공하는 자세가 아닌 자신이 잘났다고 외치기 시작한다면 이미 자신의 본위는 무너지기 시작한 것이다.

● 콧대, 어느 정도를 세워 어느 정도 살을 붙여야 하나.

코는 얼굴의 중심부이며 자존심의 상징이기도 하다. 눈이 마음의 창이라면 코는 마음의 척도이며 돈주머니다. 콧대가 얼굴에 비해 너무 높아선 안 되지만 기본적으로 얼굴과의 조화를 이루며 너무 홀로 선 것처럼 뾰족하게 솟아선 안 되는 것이다. 코뼈를 건드렸다면 코에 살집을 보충하는 작업이 같이 들어가 적당히 살집이 있어야 한다. 살집 없이 오똑하기만 한 코는 결코 복 있는 코가 아니다. 명심하라. 코는 나의 배우자다.

● 돈이 새는 코는 어떻게 해야 하나.

돈이 새는 코의 모양이 있다. 콧구멍이 일반적인 코보다 넓게 벌어진 코, 들창코는 약간의 수술로 교정을 하는 것이 바람직하다. 코가 크나 콧구멍이 너무 넓어버리면 큰돈이 들어와도 그만큼 많이 써댄다. 너무 넓은 콧평수의 교정은 전문의와 상담을 바란다.

- 콧대가 높되 뼈만 솟고 살집이 없으면 명품병이며 외롭다. 콧구멍이 넓으면 돈을 모으지 못하고 능력 밖의 일까지 간섭, 손을 대어 버는 대로 쓴다. 한마디로 나중엔 남 좋은 일 시키고 한 푼 없어 화병에 걸린다. 코 수술 중엔 코의 살집을 적당히 넣어 콧등과 콧대의 살집을 약간 풍융하게 만드는 기술이 있는지 모르지만 있다면 돈복에 효과를 주지 않을까라는 생각을 한다.

- 콧대를 오똑하게 만든다고 콧등이 너무 얇게 깎아 지르듯이 오르는 형도 좋지 못하다. 본인이 봤을 적엔 예쁘단 생각이 들지 모르지만 깎아 지른 절벽엔 사람이 살지 않는 이치와 같다.

- 콧대가 오름에 코에 살집도 같이 있어줘야 하는 것이다. 뼈만 앙상하게 솟아오르면 그것은 내가 나를 예쁘게 하는 것도 좋지만 한편으로는 인생을 밉게 만드는 것이기도 하다.

- 콧구멍이 위로 향한 것을 해자비라 부른다. 이런 사람은 성격이 온순하고 낙관적이며 약간 콧소리를 잘 낸다. 자유롭고 호기심이 많은데 유혹에 약하다.

- 여성의 코 뿌리가 푹 꺼져 있으면 남편이 집을 나가거나 고생을 시킨다.

- 콧대가 너무 좁으면 41세부터 돈이 새나가기 시작한다.
- 콧대가 살집 없이 너무 마르고 높으면 크게 앓는 경우가 생긴다.

쌍꺼풀은 좋은 눈인가 🔍

쌍꺼풀의 눈은 과연 좋은 눈인가, 아니다. 관상에선 쌍꺼풀의 눈보다 쌍꺼풀이 없는 눈을 더 좋은 눈으로 친다. 하지만 눈이 일반적인 눈보다 작고 예쁘지 못해 수술을 하는 것은 어쩔 도리가 없다. 문제는 충분히 매력적인 쌍꺼풀이 없는 학생들의 눈을 대학생이 됨과 동시에 수술을 해서 스스로 자신의 복을 걷어차는 행위가 빈번해지는 것이 관상가로서 상당히 안타깝다. 어떤 이는 쌍꺼풀이 어울리는 눈이 있고 어떤 이는 쌍꺼풀이 없어서 더욱 깊고 매력이 흐르는 눈이 있다. 얼굴의 형태와 크기에 따라, 그리고 눈에서 나오는 기운이 매력을 발산하는 것이지, 그냥 쌍꺼풀을 한다고 모두 예뻐지는 것은 아니다. 쌍꺼풀을 하는 부위의 바로 윗부분은 전택궁이라고 한다. 문서, 땅, 위로부터 받는 복을 상징하고 사람의 격을 나타내는 곳이기도 하다. 이 부분은 적당히 넓은 것이 길하다. 그만큼 받을 복과 격, 부동산의 규모가 좋다는 뜻을 가지기 때문이다. 하지만 이곳에 쌍꺼풀로 시술을 하면 그만큼 면적은 줄어든다. 받을 복과 내가 설 땅의 양이 줄어든다는 것이다. 예쁜 옷도 누가 입느냐에 따라 달라진다. 누군가에겐 어울리는 옷이 누군가에겐 오히려 자신의 매력을 가리는 옷이 되기도 한다. 모든 이가 쌍꺼풀을 할 필요는 없다. 눈은 가정궁을 나타내기도 한다. 자신의 마음과 매력이 드러나는 곳이기도 하다. 쌍꺼풀로 굳이 눈을 크게 만들지 않고도 충분히 자신의 매력을 드러낼 수 있음을 알리고 싶다. 오히려 쌍꺼풀 수술을 함으로써 매력 있는 자신의 복과 매력을 반감시킬 수 있으니 한 번은 전문가와 상담을, 그리고 자신의 거울을 보며 자신의 매력이 허락하는가를 마음속으로 생각해보길 바란다.

이미 지금 당신의 눈과 얼굴은 충분히 매력 있고 아름답다. 난 거리를 지나다니다 보면 모든 이들이 아름답고 각자의 매력을 지녔다고 생각한다. 다만 각자의 표정과 행동에 의해 그 분위기와 심리가 드러나 어떨 땐 가려지고 어떨 땐 더욱 빛을 발하는 것이라는 결론을 지었다. 우리나라 여성, 너무 아름답다. 큰 수술을 하지 않아도 예쁜 얼굴은 많다. 이제 성인이 되는 20세의 어린 학생들이 졸업 선물로 성형수술을 먼저 받는 것을 한 번은 다시 생각하길 바란다. 그대들의 선천적 복록은 수술을 하지 않았을 때 더욱 빛을 발할 수 있으니 말이다.

참고로 수술을 어느 시기에 하는 것이 좋을지도 따져 보는 것이 좋다. 개인팔자를 기문 둔갑과 명리학을 활용하여 수술을 할 경우 피해를 보거나 부작용이 발생할 가능성이 높은 시기에는 수술을 피해 안전한 시기를 골라 하는 것도 중요하다.

8장

우리 손부터 한 번 볼까요

손금은 나중이요
일단은 형태를 살펴라 🔍

다섯 손가락 중에 가운데 손가락을 빼고 네 손가락은 나그네라고 하며 가운데 손가락은 본인을 나타낸다. 중지는 곧고 반듯해야 하며 다른 손가락들도 모양새가 좋고 틀어지거나 굽은 형상이 없는 것이 길상이다.

- 여성의 손 중에 엄지 부분이 시작되는 지점이 각이 지거나 남자의 손이 엄지 부분이 각져서 둥글지 못하고 뼈가 드러나는 상은 가정을 지키기 어려운 명이다.
- 엄지손가락 부모를 말하다.
  엄지는 부모요, 틀어지거나 상처를 입는 것은 부모의 해가 예상되고 본인의 주체성도 작아진다.
- 중지에 흠이나 틀어짐은 본인에게 결함이 있고 삐뚤어진 마음가짐이나 의지의 약화, 결정적 순간에 본인의 행동으로 결말이 나지 못하게 만드는 상이므로 중지가 기울어진 사람은 의지를 강하게 다져야 한다.
- 약지는 배우자를 나타내는데 약지가 중지에 기대는 상은 배우자가 나에게 기대어 사는 형으로 여자가 약지가 중

지에 기대면 여자가 남편 대신 생활을 책임지거나 정신적 언덕의 역할을 하게 된다.

- 새끼손가락이 중지를 향해 기대면 자식이 나에게 신세를 지는 형이며 바르게 서면 알아서 살아갈 상이다. 손가락이 너무 짧거나 흠이 있으면 자식이 불안하다.

- 인지는 형제, 자매와 학문을 나타내는데 가족을 뜻하기도 한다. 인지가 중지를 향해 기대면 가족이 나에게 의지를 하고 살아가게 됨을 암시한다.

- 손가락은 끝이 둥글고 탄력이 있어야 좋고, 손바닥이 길며 손가락이 짧으면 은연중에 남에게 미움을 받는다.

- 손가락 끝이 너무 뾰족하면 남성은 재운이 약하고, 여성은 낭비벽이 있다.

- 손가락이 긴데 손바닥에 가로금이 많으면 고생 꽤나 하며 산다.

- 손바닥에 거미줄처럼 잔금이 너무 많으면 마음 고생이 심하고, 금이 너무 없으면 마음이 단순하다.

- 팔이 짧고 두터운 자는 성격이 이기적이다.

- 손가락 사이가 붙어서 틈이 없으면 축재심이 있어서 돈을 잘 모으며, 손가락 사이가 떠서 틈이 보이면 돈을 모으기 어렵다.

- 손바닥이 불처럼 붉으면 의록이 풍부하고 손바닥이 황토처럼 누러면 빈하다.
- 손은 향기롭고 따뜻한 것이 좋고 손에 땀이 나거나 탁하면 운이 막히는 시기이다.
- 손바닥이 백지처럼 희면 현재 돈이 없는 사람이다.

손동작으로 보는 상대의 심리 🔍

사람은 말을 할 때 여러 가지의 손동작을 취한다. 그 사람의 말과 눈빛을 보고 손동작을 읽으면 그 사람의 저의를 먼저 간파하고 성격과 현재 상태를 분석하기 쉽다.

이 장에서는 사람의 손동작에 대해서 데즈먼즈 모리스의 이야기를 인용하여 글을 쓰며 모순 신호와 거짓말의 행동에 대해서도 같이 쓰도록 하도록 하겠다.

- 가상의 물건 쥐기에 대하여
  손으로 물건을 드는 동작을 취할 때 두 가지 동작을 하는데 쥐기와 잡기이다.
  쥐기에는 엄지와 다른 손가락의 끝을 사용하며, 잡기동

작에서는 손바닥 전체를 활용한다.

작은 것을 활용한 일을 할 때는 쥐기 동작을 한다.

쥐기 동작은 물건을 쥐는 모양을 함으로써 자신의 생각을 상세하고, 아주 정확하게 표현하고자 하는 욕구가 있음을 표현한다.

허공을 손가락을 활용한 쥐기 동작은 그 사람의 문제점이나 불명확한 요소가 있는 것이 보통이며 무엇인가를 찾아내려고 하며 완전히 해결하지 못한 부분이 남아 있음을 의미한다.

● 잡기동작

허공에 손바닥 전체를 활용한 잡기 동작은 무언가 큰 덩어리의 시제를 의미하며 가볍게 바통을 쥐는 동작은 열의도가 단단하게 주먹을 쥐는 듯한 동작보다 약한 의미를 가지며 섬세하게 해야 하는 일의 중요도를 나타낸다. 그에 반해 강하게 주먹을 쥐는 동작은 강한 열의와 의지를 반영하며 결단력을 표현하는 것으로 강한 주장을 뒷받침하는 동작이다. 이에 더불어 거짓말을 하는 동작들에 대하여 열거하겠다.

거짓말에 대한 손동작의 변화🔍

1. 사람은 거짓말을 할 때 몸의 활동이 부자연스러워진다.

   일반적으로 거짓말을 할 땐 단순한 손짓의 횟수가 줄어
   든다. 거짓말을 할 때 우리는 손을 감추거나, 깔고 앉거나,
   손을 호주머니 속에 집어넣는다. 이때 주머니에 동전이나
   물건이 있으면 손은 그것을 쩔렁거리며 반응을 일으킨다.
   한 손으로 다른 손을 꽉 잡거나, 두 손을 맞잡거나 하는
   행동으로 뭔가 상태가 심상치 않다는 신호를 스스로 보
   내는 것이다.

2. 거짓말을 할 경우 얼굴에 손을 대는 횟수가 증가한다.

   일반적으로 사람은 자신의 얼굴에 손을 많이 대지만 그것
   보다 훨씬 많은 동작으로 얼굴에 손을 가져간다. 아래턱
   두드리기, 귓불 당기기, 머리카락 만지기, 머리 만지기, 입
   술 누르기, 입 가리기, 코 만지기 등이 강하게 나타난다.

3. 거짓말을 할 때는 몸짓의 변화 횟수가 증가한다.

   자세히 관찰해보면 거짓말을 할 때는 사소한 몸의 움직임
   이 미묘하게 일어나며 그것을 숨기기 위해 노력하지만 뭔

관상으로 찾는 나의 배우자

가 다른 어색한 동작이 나온다. 그것은 심리적으로 이 현장을 빨리 떠났으면 하는 심리적 반응에서 비롯된 것이다.

4. 거짓말을 할 때는 독특한 손의 동작과 움츠림이 많이 나타난다.
   이상할 정도로 조용하거나 침착한 모습을 보이는 행동, 무표정한 얼굴의 표현, 옆으로 눈길을 주거나, 진실을 이야기할 때의 방향과 다른 방향으로 얼굴을 돌린다. 자주 눈길이 마주치기도 하며, 땀을 흘리거나, 질문을 받으면 한참 뜸을 들이다가 이야기하기도 한다. 대답을 할 때 짧은 단문을 사용하고, 대화가 끊어지는 것을 싫어하고 어색한 침묵을 유난히 급하게 메우려고 하기도 한다.

모순신호에 대하여

거짓말을 할 때 우리의 동작은 단편적인 것이 되며 모든 동작의 조화가 이루어지는 대신 오히려 부조화적인 행동이 나타난다. 예를 들면 한 남자가 얼굴은 친구에게 웃고 있지만 주먹을 꽉 쥐고 있다면 우리는 이 사람의 얼굴보다는 주먹을 보면 겉은 웃고 있지만 속은 무언가 공격적인 내면을 드러내고 있음을 금방 알아차릴 것이다. 이와 같이 우리는 어떠한 형태의 동작을 취함으로써 얼굴과 몸이 따로 노는 것을 관찰하여 상대의 심리 상태를 간파할 수 있다.

하체신호 🔍

서로 앉아서 일상적인 이야기를 주고받을 때 사람의 시야를 벗어나는 것은 하체부위이다. 우리는 상대의 상체에 집중을 하게 되지 머리로부터 떨어진 부위에 대해선 눈이 가지도 않거니와 크게 신경을 쓰지 않는 경우가 많다. 거짓말을 하는 본인 스스로도 눈에서 떨어져 있는 하체에 신경을 덜 쓰게 되므로 다리는 진정한 기분을 아는 데 중요한 단서가 된다. 예를 들면 누군가 이야기를 열심히 긍정적으로 듣고 있는 듯 하지만 그의 다리가 율동적으로 간격을 두고 위아래로 덜덜 거리는 떠는 동작을 취한다면 사람에 따라선 버릇으로 그렇게 하는 사람도 있지만 대화에 집중하면서 다리를 떠는 동작은 쉽게 나오지 않는다. 그러므로 그는 그 현장을 떠나고 싶거나 이야기에 집중력이 많이 떨어져 있음을 나타내는 것이다. 비밀을 누설하는 다리의 신체 신호 중 다른 것은 발끝을 공중으로 들어 올리는 동작으로 상체는 우호적인 행위를 해도 다리는 적의를 가지고 공격하고 싶다는 메시지를 보내고 있는 것이다. 또한 허벅지를 꽉 쥐는 동작, 안절부절못하고 다리를 이리저리 꼬거나 자주 다리를 움직이는 것은 지금 있는 장소를 벗어나고 싶다는 의미를 가진다.

– 데스먼즈 모리스 피플위칭에서 –

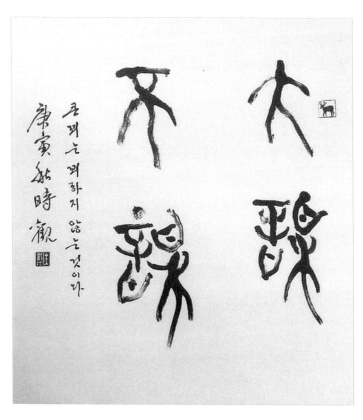

큰 쓰는 쾌하지 않는 것이다

書藝家 詩觀 김재구

9장

기색론

중풍을 예측하다 🔍

질병에 있어서 가장 갑작스럽게 찾아오는 것이 중풍이다. 필자는 다른 질병의 환자들보다 중풍으로 쓰러진 환자들을 많이 만나왔으며 여럿의 사람을 중풍으로 인한 화로부터 구해낸 바 있다. 그로 인하여 필자의 눈에 들어온 혈관질환 예정자들은 모두 병원에 신속히 방문하여 이생의 생활을 좀 더 길게 이어가는 복을 받은 자들이 많다. 다른 글에 앞서 중풍에 관련한 것을 쓰는 이유는 요즘 사회가 젊고 늙고를 따지지 않고 혈관 질환으로 사지를 못 쓰게 되거나 갑작스럽게 세상을 떠나는 일이 하도 비일비재하여 가장 먼저 소개하는 것이다. 지금도 재활 병원에는 혈관 질환으로 인한 신체 마비 환자들로 넘치는 것을 볼 수 있다. 중풍이라고 불리는 이 질병은 건강한 사람도 갑작스럽게 당하는 무서운 병이다. 기본적으로 혈압이 있는 사람들에게 찾아오는데 방심한 순간에 당사자를 이생에서 저승으로 인도한다. 중풍의 기색을 살피는 방법은 간단하다.

- 얼굴의 기색이 밀가루를 뿌린 듯 허옇게 뜬다.
- 열 감기가 아닌데 몸이 으슬으슬 춥다는 소리와 몸살 난

것 같다는 말을 한다.

- 이유 없이 몸에 식은땀을 흘린다.
- 눈동자에 허연 빛이 뜬다.

이상 네 가지를 유심히 관찰하면 평소와는 다른 기색을 발견하게 되고 일단 조금만 의심이 나면 바로 병원을 찾아 의사의 진단을 받아 치료에 들어가야 한다. 그렇지 않고 일반 약국에서 임의적인 치료를 강행하고 혈압약을 제대로 복용하지 않으면 한순간에 이생과의 이별을 할 수 있음을 알아야 한다. 중풍은 신체의 나이와 육체적인 힘으로 계산되는 것이 아니다. 젊은 사람이고 늙은 사람이고 일단은 살펴야 할 일이다.

재액과 기색 🔍

- 콧등에 적색이 나타나면 7일 이내에 우환이 있다.
- 불에 놀랄 상이 있는데 머리털이 그을린듯한 자, 수염 끝이 적색으로 붉은 빛이 나고 눈썹 털이 산만하게 흩어진 자이다.
- 화재를 만나 사망하는 자는 이마 위에 먼지 같은 기색

이 돌고, 입가에 검은 점이 있으면 말년에 물을 조심해
야 한다.

- 손바닥에 흑색이 감돌면 가까운 시일 내에 사망한다.
- 콧대가 갑자기 어두워지거나 얼굴에 흑색이 돌면 외출을
  삼가야 한다.
- 입으로 청색이나 황색이 나타나고 콧등에 어두운 색이
  돌며 얼굴빛이 어두워지면 불의의 사고를 조심해야 한다.
- 인당에 백색이 발하고 입이 누렇게 뜨면 17일 안에 사망
  한다.
- 광대뼈가 흑색으로 변하면 큰 재앙이 닥친다.
- 갑자기 살이 부하게 뜨고 몸이 냉하면 수일 내에 중병을
  앓고 온몸의 혈색이 메마르고 광채가 없으면 1년 안에 사
  망한다.
- 젊은 사람의 입에 청색이 뜨고 얼굴에 청색의 빛이 돌면
  사망의 시기가 가깝다.
- 형제의 사고 유무를 판단하는 것은 각 본인 얼굴에 개기
  름처럼 얼굴이 이상하리 만치 번들번들한 느낌을 받으면
  질병이나 형제, 부모의 사망을 보게 된다.

  실제로 상담자는 여성이었는데 보는 순간 얼굴에 기름기
  가 너무 흘러 불길함을 인식하여 말을 했으나 이미 그의

형제와 부모 중 한 명이 사고사를 당한 후였다.

- 눈가가 항상 검은 듯 다크서클이 강한 자는 가정에 늘 근심이 있고, 색난이 따른다.
- 턱의 흑색은 부동산으로 인해 송사가 생긴다.
- 이마의 좌우에 흑색이 돌면 남편이나 본인이 사망하거나 사고를 당한다.

각 부위의 기색 판단

부모궁의 판단

아버지의 병은 일각을 본다. 일각은 왼쪽 눈이며 여자는 오른 눈을 본다. 평소에 암색이 진하게 나오고 한차례 밝아지면 사망한다. 눈빛의 희기가 짙으면 사망하고 검기가 연기처럼 부여면 본인이나 아버지가 사망한다. 어미는 오른 눈에 위의 내용을 그대로 적용한다.

형제궁의 판단

눈썹에 적색이 깔리거나 백색의 기운이 짙어지면 형제가 사망한다. 준두에 백색이 돌면 형제의 상을 당하고 본인도 위험하다. 광대 부위의 홍황색이 돌면 병든 형제가 낫고 본인도 양화가 깃든다. 남자는 좌측 눈썹이 남자 형제이고 우측 눈썹이 자매이다. 여자는 반대로 본다.

부부궁의 판단

어미와 간문이 어둡거나, 흰색을 띠면 부부간에 사이가 안좋거나 병이 나고, 혼, 자색을 띠면 아픈 사람이 낫는다. 와잠 부위가 어두우면 배우자에게 문제가 생긴다.

자녀궁의 판단

자녀는 와잠과 인중을 보는데 이 부위의 색이 흑색을 띠면 자식의 몸 관리를 잘해야 한다. 와잠의 살이 부은 듯하고 백색을 띠면 자식이 사망하니 항시 이를 살펴야 한다.

혼인의 여부

처녀는 만면에 복숭아 빛 같은 홍조를 띠면 혼인을 하게 되며 사랑을 나누는 경우에도 이런 색이 평소와는 다르게 나타난다. 왠지 모르게 얼굴빛이 윤택하고 홍빛을 띠는 경우가 많다. 여자가 출가할 때 자색이 인당에 나타나면 남편의 운을 살리며 좋은 자식을 낳아 행복하다. 하지만 만면에 백색을 띠거나 황색이 우중충하게 띠면 시집가서 형상과 파액을 겪는다. 기색이 암체하여 어두우면 장래의 운기가 불안하니 수신해야 한다. 여자는 이마가 밝아야 하며 이마가 어두운즉 남편의 기운을 막는다.

처첩의 판단

어미간문을 보는데 눈 옆의 기색이 홍황색에 명윤하면 처가의 많은 재물을 얻고 이 부위가 검으면 결혼은 실패로 돌아간다. 첩을 얻거나 사귈 적에는 우측 어미 간문을 보는데 여자는 왼쪽을 살핀다. 어미간문에 흠이 없고 넓으며 색이 어두워도 안에서 밝은 기색이 나면 미녀나 현숙한 첩을 얻고 간문이 원래가 어둡고 함하면 본처의 사랑보다 첩을 더 중하게 여기는 경우도 있다.

관직 여부의 판단

관직을 볼 때는 준두, 인당, 이마를 살핀다. 이때는 눈도 봐야 하며 명예를 구하는 의원직을 구하는 자는 이마도 중하지만 눈빛이 빛이 나야 유리하다. 만면에 밝은 빛을 띠고, 이마도 적당하니 색이 밝으면 의원직을 얻거나 지목하는 비례의원에 선출되기도 한다. 필자의 경험으로 장사를 하는 여인이 당의 입당과 위원장 자리를 구하는 기운의 여부를 물을 적에 그 여성의 음성과 얼굴의 형상이 능히 세인들을 압도하고 이마가 적당하니 솟아 높지는 않지만 함하지 않고, 눈빛이 강하고 밝게 빛나며 인당의 색이 좋았다. 그러므로 다른 강한 경쟁자가 많음에도 필자는 할 수 있음이니 이 기회에 한 번 과감하게 노려보라는 말을 던졌고, 그 여성은 결국 수많은 경쟁자를 제치고 시 여성의원 자리를 차지했다. 일반 관리직의 관리는 인당과 눈썹, 귀, 이마와 눈빛을 살피며 큰 혈색이 빛나지 않더라도 적당한 빛을 띠면 합격할 수 있다.

시험 합격의 판단

시험 보기 전날 아침에 두 귀와 명문 연수를 봐라. 황자색을 띠면 합격이 확실하다. 눈썹 위의 이마 부위를 살펴 어두울 경우는 결과를 위해 맘을 다잡고 노력해야 한다. 봄에 보는 시험은 눈을 보고, 얼굴빛이 좋으면 합격의 기운이 강하다고 판단하여 자신 있게 임하면 된다.

승진의 판단

천중에 홍, 황색을 띠고 코의 빛이 명윤하면 승진의 기운이 높다. 이때 눈도 같이 봐야 하며 얼굴 전체에 밝은 빛이 돌아야 한다.

좌천, 파직의 판단

인당과 양 광대, 부위에 구름처럼 어두운 기운이 끼거나 얼굴빛이 어두워지면 구설이 따르고 좌천, 파직당한다. 이마의 부위, 코에 어두운 빛을 띠어도 마찬가지이다.

소송 재판의 판단

구설의 색은 적색이다. 홍색과 다르게 얼굴이 벌겋거나, 약간 빨간 기운이 도는 것을 말한다. 특히 적색은 피부 외로 드러나는 경우가 많다. 다만 소송의 경우는 청색을 띠며 이마 부위에 암흑색이나 청색을 띠면 형옥살을 범하여 구속이 된다. 이마 부위가 어두우면 송사에서 패배하기 쉽다.

10장

부부는 속궁합이
중요하다

부부관계에 있어서 말 못할 속사정 중 하나가 속궁합이다. 10년 이상을 같이 살고 나이가 들고 하니 마누라가 여자로 안 보이고 만져도 그만 안 만져도 그만인 상태가 되기에 이른다. 아내에게 매력을 느끼지 못하니 애정이 떨어지고, 스트레스에 사회생활에 부딪히니 발기부전에 스테미너도 딸려 조금만 움직이면 축 가라앉아 사정도 되질 않아 되레 잠자리의 흥미를 잃는다. 점점 더 멀어지는 남편과 아내, 이들은 각자의 방법으로 다른 섹스 파트너를 찾아 나서기 시작하기에 이른다. 남편은 아내를 그저 친한 친구를 막 대하듯이 다루지만 밖에 나가면 이런저런 남자들이 이 여성의 매력을 느끼고 손 한 번 잡아볼래, 사랑 한 번 해볼래, 정신없이 대시하기에 이르니 여성이 집에서 느끼지 못하는 사랑의 속삭임과 달콤한 사랑의 정사의 유혹을 어찌 뿌리치랴. 남성은 남성대로 집에서 해결이 안 되니 이런저런 다른 이성을 찾아 흥분을 펼쳐보다가 마음이 맞고 몸이 맞으니 그제사 내 인생에 또 다른 사랑이 왔노라 외치며 그녀에게 빠져들기 시작한다.

고인 물은 썩고 만다. 고인 사랑과 정체된 감정은 부부간의 관계를 흐려 놓고 각자의 섹스파트너와 또 다른 로맨스 상대에게 에너지를 발산하고 점차 그것도 시들어 가기 마련이다. 사랑은 계속 움직인다. 하나의 중심을 잡지 못하고 요구사항에 만족하지 못해 상대에게 과반응을 보이기 시작하면 상대는 손을 놓기에 이르고 그 일로 인해 몇 달을 고심하고, 맘을 졸이고 슬퍼하다가 다시 만나거나 아니면 결국엔 다른 인연을 찾아 떠나기에 이른다. 사랑은 상대에게 부담을 주어선 안된다. 섹스도, 사랑도, 만나고 싶어도 상대가 힘들면 잠시 놓아주고, 정력이 달리면 배려를 해야 한다. 그것이 매력을 키우고 속궁합을 맞추는 지름길이 아닌가라는 생각이 든다.

발기 부전의 원인🔍

발기부전은 강직도의 저하, 지속이 저하되는 경우가 성관계 중 나타나는 경우다. 발기부전의 원인은 크게 두 가지다. 첫째는 심인성발기부전으로 20~30대 젊은 층에서 주로 나타난다. 두 번째는 신체적 이상에서 오는 기질적 발기부전으로 40대 이상의 장년층에서 주로 나타난다. 발기부전증은 치료 없이 그냥 지내는 경우 "또 발기 안 되면 어떻게 하지"라는 스트레스가 발기부전의 증상악화의 악순환을 되풀이할 수 있다.

심인성 발기부전

심인성 발기부전은 심리적 영향에서 오는 발기부전으로 검사해보면 이상이 전혀 없으며, 오히려 평균 이상의 성기능을 갖고 있는 경우도 많다. 새로운 파트너와의 관계에서는 처음 발기부전 현상을 느끼는 것은 흔한 일이며, 불안감, 특히 과거에 그런 경험이 한두 번 경험이 있을 경우 오히려 더 심해질 수도 있다. 외에 포르노나 너무 자극적인 영상물의 시청으로 인해 눈이 높아져 상대에 대한 흥분도의 하락으로 인해 발생하는 경우도 있다.

기질적 발기부전

혈액의 순환을 방해하는 혈관의 순환 문제로 발기가 제대로 되지 않는 경우가 있다. 이는 40대부터 스트레스와 성인병으로 인해 많이 발생했으나 요즘은 젊은 층의 성인병이 많아지고 운동부족으로 인해 젊은 층에도 나타나는 현상이 되었다. 발기 부전의 치료는 전문의와의 상담과 치료를 병행하는 것이 좋고 스트레스와 음주, 흡연을 자제하는 것이 바람직하다. 발기치료용 경구약은 통상 성관계 30분 전에 복용하는데 이 일명 비아…라고 불리는 이 약이나 씨알…이라고 불리는 약도 전문의와의 상담을 통해 복용을 하는 것이 바람직하다.

아무 진단이나 상담 없이 정품이 아닌 것이나 정품이라 해도 복용량을 제대로 설정하지 않고 섭취했을 경우는 오히려 과반응으로 인하여 병원에 실려가는 일이 발생할 수도 있다. 실제로 지인은 새로운 파트너를 만나 약을 복용 후 오히려 구토와 머리의 두통을 호소하여 즐거운 시간은커녕 스타일만 구기고 병원행을 하는 어이없는 경우를 당하기도 하였다. 이 사람이 혈압이나 동맥 경화 같은 질환자였다면 어떤 일이 벌어졌을지는 모를 일이다. 약은 약사와 의사의 상담을 받아야 하는 이유이다.

정력 강화 운동🔍

1. 운동, 그중에서도 달리기와 같은 유산소 운동이야말로 최고의 정력제다.
2. 괄약근-사정 근육을 강화시키면 정력, 극치감을 상승시키는 데 도움이 된다.
3. 기마자세, 해동검도, 궁도를 즐겨라.
4. 성욕과 성기능에 결정적인 영향을 주는 스트레스를 관리해야 한다.

5. 규칙적인 성생활을 해야 한다.

6. 숙면을 취해야 한다.

7. 건강식단을 짜야 한다(달팽이, 마늘, 부추 등은 강한 정력제 역할을 한다.).

8. 전립선 질환은 정력감퇴의 주요인이므로 매년 전립선 검진을 받는다.

궁도

궁도는 우리나라의 전통 활쏘기 무예로 활을 당길 때 괄약근에 힘을 주고 허벅지에 힘을 주지 않고는 제대로 된 활시위를 당기기 힘들다. 온몸 운동이면서도 신체에 부담을 주지 않고 허리와 허벅지를 강화한다. 활을 팔로 당겨 쏘는 듯하지만 하체의 힘을 활용하지 않고는 활이 나가지 않으므로 무의식적으로 괄약근 운동과 하체 운동을 병행하는 장점이 있다.

또한 심신을 단련하여 집중력을 높이며 145m의 과녁에 화살을 쏘아 맞출 때의 성취감은 남다르다. 활을 쏘고 나선 자연스럽게 화살을 주으러 이동하게 되며 자연과 함께하는 곳에 위치한 궁도장의 환경은 사람의 스트레스를 줄여주는 데 충분하다.

궁도는 비용도 적게 들면서 국민 정서 안정에 이바지하는 전통 스포츠이기도 하니 정력에 문제가 있는 남성이라면 궁도를 강력하게 추천한다.

기마자세

기마자세는 일명 오토바이 자세라고도 하는데 두 발을 모은 상태에서 양발 끝을 밖으로 향하였다가 다시 뒤꿈치는 밖으로 내밀어 각 한 발짝씩 움직인 자세인데, 기본적으로 어깨너비보다 약간 넓은 간격을 두고 엉덩이를 뒤로 빼고 허리를 편 상태를 유지하고 왼손은 아래로, 오른손은 위로 향하게 하여 정면에 손바닥을 펴고 발끝과 무릎은 안쪽으로 모아 하체에 강한 기운을 집중하게 만드는 자세이다. 이 자세는 자동으로 단전호흡을 하게 만든다는 자세이기도 하며 옛 무술에는 꼭 기초 체력을 다지기 위해 오랜 시간 동안 수련하는 자세이기도 하다. 처음 할 적에는 다리에 힘이 풀리고 힘이 들어 오랫동안 지속하기 힘들지만 조금씩 시간을 늘려 수련을 하다 보면 종아리부터 시작해 허리와 하체에 엄청난 에너지가 생기는 것을 알 수 있다. 이 동작은 사람의 근간인 허리와 하체를 강하게 함으로써 나이가 들어도 순발력과 지구력이 떨어지는 것을 막고 스피드를 키워 나이를 초월하는 정력을 키우는데 아주 탁월한 동작이다. 전립선 질환과 정력으로 고민 중인 남성이라면 일반적 걷기도 좋지만 무릎이 나쁘지 않은 이상 한 번 이 자세를 실천해 보는 것이 좋다. 이 자세를 가장 많이 하는 운동으로는 전통무예 해동 검도를 들 수 있다. 해동 검도는 각종 검법에 신체를 낮게 유지하는 동작과 소도세와 대도세라는 동작이 있어 온몸운동이면서 동시에 몸에 무리가 가지 않는 아주 좋은 운동이다. 필자는 궁도와 해동검도를 통한 기마자세를 연마해 왔기에 자신 있게 정력에 대한 고민을 가진 남성들에게 이야기할 수 있다. 어린이들만 체육관을 다니란 법은 없다. 나이 먹은 사람만 활을 당기란 법은 없다. 우리에게 이 전통 무예 두 가지를 소개하는 이유는 아직도 이 두 가지의 무술을 잘 모르는 사람이 많기에 정신 수양의 목적으로 권하는 것이기도 하다.

관상, 내 인생이 하도 힘들기도 하고, 누군가를 지키기 위해 공부하던 중 깨달은 이 관상의 공부가 이 세상의 빛으로 남길 바란다. 많은 이들이 이 책에서 현실에 써먹을 만한 것을 구하길 바란다. 일찍이 나를 아는 것이 힘이다. 세상의 잣대를 대지 마라. 본인이 본인을 봐라. 그리고 행동에 옮겨라. 초반에 자신의 그릇을 안다면 뒤늦은 후회는 없을 것이다. 본인, 배우자 그리고 타인을 보는 것이다. 일단 나를 알고 배우자를 고를 때 쓰고, 부하, 동반자, 상사의 스타일을 파악할 때

써라. 적어도 내 눈에 들어온 이들의 인생과 스타일이 보일 것이다. 행복한 인생, 그것은 선택의 몫이기도 하다. 어느 길을 택하는가에 따라 담기는 것이 다르고 느끼는 것이 다르다. 두타산 신홍골 선문사 불전 앞에 앉아 나는 오늘도 당신들의 행복을 위해 기도하겠다.

각 체형별 특징과 성격

체형을 살펴라 🔍

목형의 얼굴

  체형이 마르고 곧고 길며 눈은 청수하고 수염은 아름다우며 입술은 붉고 무늬가 가늘며 보기에는 날씬한 모습이다. 허리는 말랐어도 둥글며 가득 차야 되며 손금은 가늘고 윤택하고 얼굴은 말랐으나 코는 반듯하고 눈 모양은 길어야 하며 색이 푸른 것을 목형이라 한다.

- 목형의 얼굴은 거의 일자형에 가까우며 약간 갸름한 상도 포함이 된다. 또한 이마 폭이 넓은 데 비해 턱이 좁은 스타일들을 말한다. 목형은 한쪽으로 기울거나 마르거나 근육이 뜬 듯하고 뼈가 노출된 것을 꺼린다.
- 목형인이 살이 쪄 적당히 붙거나 흑색을 발하면 수水를 만났다 하여 부귀하고, 문학 방면에 재주를 발휘한다.
- 목형은 흑색은 거리지 않으나 백색은 꺼린다.
- 목형의 얼굴들은 대게 학자형처럼 조용한 학자형, 서류적 실무형, 깐깐한 스타일, 요란스럽지 않고 조용한 스타일들이 많다.

　　　　　　　　　　　　관상으로 찾는 나의 배우자

- 목형의 남자는 약간 둥그런 스타일의 살집이 조금은 있는 스타일의 여성을 배우자로 맞아들이는 것이 바람직하다.
- 단체의 참모진이나, 스승 같은 조용한 스타일로 움직이는 이들이 많다.
- 화를 낼 때는 강하게 화를 내는 것은 다 같지만 일반적으로 어느 정도 참을 때까진 큰 소리를 잘 내지 않는 성격들이며 불만을 잘 표시하지 않아 남들은 불만을 가졌는지 모르는 경우가 많다. 점잖게 화를 내는 스타일이나 각 팔자에 따라서 화내는 방법과 모습이 차이가 난다. 이 형은 운동 신경보다 지각신경의 발달로 좋고 싫음의 표정이 많이 드러나는 상이다. 첫인상이 까다로워 보이기도 한다.
- 직장은 예술이나 예능 같은 센스를 발휘하는 것에 바람직하고 학문, 지식, 공상, 창작을 발휘하는 발명, 설계, 기획, 고안, 사무 등을 즐겨 하기 좋다.
- 건강은 체력관리를 하지 않는 한은 약한 편이고, 대중 활동을 비교적 꺼리며, 지능적인, 실내에서의 비활동적 일에 흥미가 많아 운동부족이 되기 쉽고 신경쇠약, 내장기능의 저하, 위장 장애, 신경과민에 걸리기 쉽다.
- 마른 형의 여성은 미인이 많은데 머리가 명석하고 눈치가

빠르며 주위를 깨끗이 하는 습성이 있고, 주위의 신경을 써서 사치를 하는 경향도 있다. 여기에 콧대가 너무 높으면 외롭고, 명품병에 걸리기 쉽다.

- 마음은 소심하고 약하며 의지가 약해 중도 포기하기 쉽고, 수동적 부분이 발동하여 남의 호의를 받아들이기 쉽다.

금형의 얼굴

일반적으로 하악의 발달로 머리 부분이 사각의 형태를 이루는 사람들이다. 몸 전체의 얼굴이 뼈대가 굵고 광대, 턱뼈가 옆으로 뻗어서 첫눈에 강인한 상이다. 반드시 단정해야 하며 미목이 청수하고 입술과 이가 조화를 이루어야 한다. 허리와 배가 둥글고 기는 밝고 색이 적당한 흰색이 좋다. 이런 스타일은 고집이 강하고 남녀를 막론하고 적극적이며 육체적, 정신적 체력이 강하며 자신의 테두리 안에 있는 존재들에 지배력, 영향력을 행사하는 경우가 많고, 단체의 우두머리급들이 많은 형이다.

- 금형인이 코끝이나 콧등부위에 붉은 적색을 띠면 흉하고 살이 너무 쪄서 사각의 형이나 살에 묻힌 상은 금이 땅에

묻힌 상이라 재앙이 따르기 쉽다. 몸 관리를 해야 한다.

- 금형인은 배우자를 동글동글한 스타일로 만나는 것이 바람직하다.
- 금형인은 코가 뾰족하고 끝이 붉은 것과 피부가 하얗게 뜨는 것을 꺼린다. 밀가루 색이나 백색이 얼굴에 도는 것은 심혈관 질환으로 중풍의 신호이다.
- 금형은 살집이 좀 있어야 하는데 몸이 말라 목형을 같이 이룬 형은 성취에 제약이 따른다.
- 금형은 얼굴이 네모지고 등이 두터우며, 낯빛이 누렇고 눈빛이 살아있으면 금형에 토를 더한 상이라 하여 성공을 기약할 수 있다.
- 손바닥이 얇고 손가락은 가늘며 기색이 어둡고 막힌 듯이 보이면 행동과 생각이 따로 놀아 되는 일이 없다.
- 금형에 수국을 가한 사람은 얼굴은 네모진데 살집이 많고 안색은 약간 검거나 희면서 윤기가 흐르는 것이 길상이다.
- 남이 보기에 감정이 무뎌 보이고, 표정과 태도에 변화가 잘 나타나지 않는다.
- 화를 내는 모습은 참았다가 터뜨리는 스타일보다는 그 자리에서 시정하기 위해 불만을 말하는 경우가 많으며

생각보다 날카롭기보다는 할 말을 딱딱 하는 스타일들이 많다.

- 성격에 따라서는 주먹질을 하는 경우가 있으며 말하는 투는 상대를 아랫사람으로 대하듯 하는 경우가 많다.
- 한 번 마음먹으면 외곬으로 밀고 나가는 스타일이기도 하다.
- 환경의 변화에 강하며 환절기와 덥고 추움에 동요되지 않고 일하기 좋은 상이다.
- 이 형은 자신과 맞는 일에 제대로 방향성을 잡으면 중년에 상당한 생활과 안정을 이루기 좋은 상이며 뜻을 이루기 좋은 상이다.
- 반대로 잘못된 방향으로 가면 자기주장이 앞서서 싸우기 쉽고 파괴적이 사람이 되기도 쉽다.
- 각이 진 여성은 여성스러움과 애교성을 키워야 하며, 자기 고집을 강하게 부리면 가정적으로 고독해지거나 독신으로 살게 되고, 남성이 멀어진다.
- 생활 전선에 나가서 활동하며 자신의 아랫사람을 두는 경우가 많다.
- 건강은 체력이 강해 자만하기 쉬우나 자신의 체력을 너무 과신하다 뇌졸중, 간암 등이 오기 쉽고, 과음, 과색을

삼가야 한다.

- 직업은 노무적 일이 적당하며 과감하고 위험한 일도 잘 한다.
- 자유업, 항해, 비행, 중장비운전, 육체노동, 건설, 해운, 광산, 사나운 기질의 일에 두각을 나타낸다. 무관, 경찰, 격투기선수, 관리자에 자리에 걸맞다.

수형의 얼굴

대부분 살이 토실토실한 경우가 많으며 얼굴만 동글동글한 경우가 있고 살이 찌기 좋은 체형이며 상대가 편하게 느끼는 상이다. 등과 엉덩이가 풍후하고 둥글며 손가락과 손바닥에 살이 두둑하고 둥글며 이목구비 또한 살이 찐 형이다. 얼굴이 검거나 짧은 형이 많고 목소리는 부드럽고 뒤에서 보면 약간 구부러진 듯하고 앞에서 보면 약간 엎드린 형상이다. 수형인은 얼굴에 피부가 분 바르듯이 흰 것을 꺼린다.

- 수형인이 금형의 얼굴이 섞이면 성품이 지혜롭고 행동은 크고 과감하며 명리가 좋다.
- 금형인은 얼굴이 너무 황색빛을 띠는 것은 꺼리고 약간 어둡거나 흰 것이 낫다.

- 모든 일에 권태를 빨리 느끼고 향락에 빠지기 쉽다.
- 식욕이나 성욕의 충동에 저항성이 약하고 본능적 함정에 빠지기 쉽다.
- 주위 사람의 분위기 조성을 발하며 호감을 얻어서 인기 사업에 종사하기 좋다.
- 건강은 선천적으로 빈혈에 걸리기 쉽고 관절염, 뇌내출혈, 신경질환에 걸리기 쉽다.
- 직업은 오랫동안 정성을 들이는 일보다는 애교를 본위로 하는 장사에 걸맞고 다방, 유흥주점, 연예인, 장사 등에 걸맞다. 다만 팔자를 살펴 방향성을 잘 잡아야 한다.
- 둥근 형의 얼굴은 대부분 싸움을 싫어하고 사교적이며 대인관계가 좋다.
- 얼굴은 둥근 공을 연상하게 하는데 이럴 때 턱이 발달하면 사교적이면서도 어느 정도의 고집이 발달한 형이라 볼 수 있다.
- 남녀노소 사교적이나 애정 관계에 있어서 문제가 발생하기 쉽다.
- 다만 팔자의 강약과 운의 흐름을 알아 미리미리 대비를 하는 것이 훗날 남의 밑에 가서 일 안 하는 지름길인 것을 알고 미리미리 노후 준비를 해야 한다.

관상으로 찾는 나의 배우자

화형의 얼굴

이마는 위로 뾰족하고 아래는 넓으며 행동은 조급하고 얼굴
색이 붉고 수염은 적은 편이며 미목구비가 모두 드러나고 귀
는 높이 올라붙고 뾰족하고 뒤집혔으며 머리는 길고 뾰족하여
터럭도 붉고 적게 난 형상으로 초열한 것을 화형이라 한다.

* 화형인이 체형이 마른 형이 되면 솔개가 하늘에 오르는
  형상이라 하여 30의 나이에 이르러서 노력하면 벼슬을
  하고 공명을 이룬다.
* 화형인이 살이 너무 찌거나 검은색을 띠면 재산과 가정
  이 무너지기 쉽다.
* 화형인은 입이 큰 것을 꺼리는데 입은 수水에 해당하여
  화형에게는 극의 성질을 가지기 때문이다.
* 화형인은 기색은 홍윤해야 좋고 약간 청색이 있는 것은
  괜찮으나 흑백의 기는 안좋다.

토형인의 얼굴

몸이 중후하고 뼈마디는 무겁고 근육은 가벼우며 머리와
얼굴이 크고 두터우며 준두가 풍융하고 입이 크고 입술은 두
터우며 허리와 등이 거북과 같고 음성은 무게와 여운이 있으

며 손발이 두터운 상으로 머리는 둥글고 이마는 짧으며 기골이 광대하고 기색이 노랗고 밝은 것을 토형이라 한다.

- 토형에 화기를 겸하면 귀인이다. 여기서 화는 약간의 붉은 빛을 말한다.
- 토형이 너무 마르면 매사 이룸이 없고 가난하지 않으면 요절한다.
- 황색에 홍색빛이 나는 것이 길상으로 입신양명할 수 있고 청색을 띠는 것은 흉하다.
- 거동에 무게가 있고 기색이 잡되지 않으며 정신이 고요하면 일생 평안하고 복록이 따른다..

성공하는 연애를 위한 조언

상대방의 생활을 방해하는 연애는 더 이상 사랑이 아니다. 보고 싶고 만나고 싶어도 이해하고 일단은 양보해줘야 한다. 상대가 원하는 바를 어느 정도는 해줘야 한다. 일방적으로 원하는 사랑은 상대를 지치게 만든다. 상대라고 그대가 보고 싶지 않아서 그러겠는가.

본인이 아무렇지도 않게 투정 어린 행동을 애인 앞에 보이게 되면 애인은 애써 참으며 힘들어한다. 다른 일은 해야 하고 몸은 피곤한데 나와라, 만나자… 여건이 된다면 보고 싶은 것은 둘 다 마찬가지건만, 현실의 벽에 막혀 그러지 못하는 사람에게 투정이라도 이런저런 단어를 던지고 나면 남성은, 여성은, 당신의 애인은 퍼진다. 심리적으로 감당이 안 되는 것이다. 투정을 부리는 것은 괜찮다. 다만 투정의 단어를 잘 고르고 골라서 해야 하는 것이다. 사람의 감정을 자극하는 단어들을 사용하게 되면 그냥 받아주던 사람도 어느 순간 자신의 한계점을 넘겨버린 단어에 대해 아주 강한 반발심을 가지게 되고 상대를 처리해 버려야 할 존재로 인식하기 시작한다. 안 좋은 인식 체계가 일단 머릿속에 자리 잡기 시작하면 투정을 시작한 상대는 이제부터 언제 잘릴지 모르는 비정규직 신세가 된다. 더 이상의 진급하기 힘들고 언제 어떻게 끝날지 모르는 살얼음판 상황으로 변해간다. 그것도 표면상으로 드러나는 것이 아니기에 상대는 알아차리기도 힘들다. 모든 일을 이렇다저렇다 말하는 사람은 적기 때문에 이 사람이 어느 정도의 마음을 가지고 있는지 알기 힘들다.

정말 무서운 노릇이다. 그야말로 수중 시한폭탄, 무슨일이든지 정도를 넘어선 안 된다. 사람마다 힘과 책임감의 크기와 성격이 다르기에 그걸 빨리 알아

차리고 알아서 조절하는 것이 관계 유지에 가장 큰 관건이다. 내가 사랑하는 이 사람이 지금 얼마나 참고 있고 이 사람이 견딜 수 있는 한계는 어디까지인 지 계산하고 어느 정도의 적정선을 넘어선 안 되겠다는 생각을 잊지 말아야 한다. 안 그러면 봄날에 갑자기 찬 서리가 내리고 사랑의 꽃은 한 방에 낫질 당해서 땅에 뒹굴게 된다. 얼마나 순간의 일인가 하지만 이 순간의 일이 있기 전에 많은 요소가 부합되었음을 우리는 잘 알지 못한다. 그저 당장 일이 벌어 지니 어이가 없고 정신이 혼미해질 뿐이다. 모든 일은 벌어질 적에는 순식간에 휩쓸고 지나간다. 참으로 기묘한 인생 아닌가. 사람의 감정, 그것은 각 사람마 다 무게를 감당할 능력에 달린 것이 아닌가라는 생각을 해본다.

까닭 없이 모인 자 까닭 없이 흩어진다

공자孔子가 자상호子桑雽에게 물었다.

"저는 노魯나라에서 두 번이나 쫓겨났고, 송宋나라에서 강의할 때 향퇴向魋가 나무를 넘어뜨려 저를 죽이려 했으며, 위衛나라에서는 저를 미워한 나머지 제가 지나간 곳의 땅을 깎아 발자취도 남지 않게 하였고 상商과 주周나라에서도 곤경에 처했으며, 진陳나라와 채蔡나라 국경에서는 포위를 당해 7일 동안이나 굶는 고생을 했습니다. 제가 이처럼 여러 번 어려움을 당하게 되자, 친교는 없어지고 저를 따르는 제자와 벗들이 흩어지게 되었습니다. 어찌하여 이런 일이 제게 일어나게 되었는지요?"

자상호가 대답했다.

"그대는 은殷나라에서 도망친 사람의 얘기를 듣지 못했는가? 임회林回라는 사람이 천금이나 나가는 옥 버린 채 아기만 업고 도망을 쳤네. 이를 보고 누가 물었네. '돈 나가는 물건이라 여기면 아기는 금전적 가치도 적고, 혹 번거로움을 피해 아기를 업고 도망쳐 왔으면 오히려 아기가 옥보다 더 거추장스럽네. 그런데도 천금의 옥을 버리고 아기를 업고 온 이유가 뭔가?' 임회는 '옥은 이익으로 맺어진 관계고 아기는 하늘이 맺어 준 것입니다.'라고 대답했네. 이익으로 맺어진 관계는 급박하거나 가난해지거나 환란을 당하면 서로를 버리지만, 하늘이 맺어 준 관계는 급박하거나 가난해지거나 환란을 당하면 서로를 거두어 주네. 서로를 버리는 관계와 서로를 거둬 주는 관계는 차이가 크네. 또 군자의 사귐은 물처럼 담백하지만 소인의 사귐은 단술처럼 달콤하네. 군자는 담백함으로 친밀함을 이어 가고 소인은 달콤함으로 관계를 끊게 되네. 저 소인들처럼 까닭 없이 모인 자들은 까닭 없이 흩어져 버리네."

공자가 자상호에게 "가르침을 잘 받들겠습니다." 대답하고는 천천히 걸어 돌아온 뒤로 학문을 끊고 책을 버렸다. 제자들이 앞에서 절하는 일은 없어졌으나 공자에 대한 제자들의 존경은 더욱 높아졌다.

다른 날 자상호가 또 말했다.

"순舜임금이 죽을 때 우禹에게 이르기를 '너는 경계하라! 육신은 자연을 따르는 것보다 더 좋은 게 없고, 마음은 본성에 맡기는 것보다 좋은 게 없느니라. 육신이 자연을 따르면 괴리되지 않고 마음을 본성에 맡기면 수고가 없느니라. 괴리되지 않고 수고가 없으면 학문을 추구하여 자신을 꾸미려 하지 않느니라. 학문을 추구하여 자신을 꾸미려 하지 않으면 당연히 외물에 의존하지 않느니라'고 하였네. 자연에 따르고 본성에 맡기게 되면 그대는 절대의 경지에 노닐 수 있게 되네."

장자 외편 산목 중

관상으로 찾는 나의 배우자